ÉTUDE

HISTORIQUE ET BIOGRAPHIQUE

SUR

GUILLAUME DE LORRIS

AUTEUR DU *ROMAN DE LA ROSE*

D'APRÈS DOCUMENTS INÉDITS & RÉVISION CRITIQUE DES TEXTES DES AUTEURS

PAR

Félix GUILLON

OFFICIER D'ACADÉMIE

MEMBRE CORRESPONDANT DE L'*Accademia Araldica Italiana*,

DE LA SOCIÉTÉ D'ARCHÉOLOGIE, SCIENCES, LETTRES ET ARTS

DE SEINE-ET-MARNE, ETC.

ORLÉANS

H. HERLUISON, LIBRAIRE-ÉDITEUR, RUE JEANNE-D'ARC, 17

PARIS

DUMOULIN, LIBRAIRE, QUAI DES GRANDS-AUGUSTINS, 13

1881

ÉTUDE HISTORIQUE & BIOGRAPHIQUE

SUR

GUILLAUME DE LORRIS

AUTEUR DU *ROMAN DE LA ROSE*

ÉTUDE
HISTORIQUE ET BIOGRAPHIQUE

SUR

GUILLAUME DE LORRIS

AUTEUR DU *ROMAN DE LA ROSE*

D'APRÈS DOCUMENTS INÉDITS & RÉVISION CRITIQUE DES TEXTES DES AUTEURS

PAR

Félix GUILLON

OFFICIER D'ACADÉMIE

MEMBRE CORRESPONDANT DE L'*Accademia Araldica Italiana,*

DE LA SOCIÉTÉ D'ARCHÉOLOGIE, SCIENCES, LETTRES ET ARTS

DE SEINE-ET-MARNE, ETC.

ORLÉANS

H. HERLUISON, LIBRAIRE-ÉDITEUR, RUE JEANNE-D'ARC, 17

PARIS

DUMOULIN, LIBRAIRE, QUAI DES GRANDS-AUGUSTINS, 13

1881

LEGS ROBICHON

—

« M. le major Robichon, originaire d'Orléans, décédé à Moulins,
a fondé deux prix à distribuer annuellement par le Conseil général
du Loiret « en faveur des personnes qui se seront le plus distin-
« guées par leur bravoure, leur dévoûment, leurs sciences, arts et
« découvertes dans le département. »

« Par décision en date du 11 avril 1878, le Conseil général a
attribué un des deux prix de l'année 1877 « A M. Félix Guillon,
« ancien élève des Frères d'Orléans, ancien employé de la ville,
« auteur de divers travaux littéraires et d'un Armorial du siége
« d'Orléans en 1429. »

(Annuaire du Loiret, 1879.)

PRÉFACE

L'Etude sur Guillaume de Lorris, est, comme celle sur *Pierre l'Ermite,* une page détachée d'un manuscrit sur la *Noblesse de l'Orléanais aux Croisades;* travail entrepris par nous depuis longtemps pour remédier au silence des historiens orléanais qui ne font aucune mention de la part que la noblesse de notre province a prise aux expéditions d'outremer.

Consultant dans les généalogies manuscrites du chanoine Hubert, celle relative aux seigneurs de Loury-aux-Bois (aujourd'hui commune de ce nom, canton de Neuville, Loiret), à l'effet d'y puiser des renseignements pour rédiger la notice historique et héraldique sur Gilles, sire de Loury, qui prit la croix en 1095; nous vîmes, non sans surprise, l'auteur du *Roman de la Rose,* que tous les historiens et les biographes font originaire de Lorris-en-Gâtinais, figurer dans la généalogie des seigneurs de Loury.

Nous rappelant alors que le premier auteur de ce célèbre roman était d'extraction noble, et qu'en indiquant Lorris comme lieu de naissance ou de possession, il y avait incompatibilité, puisque cette ville était une ancienne *châtellenie royale,* nous entrevîmes de suite une erreur quant au lieu désigné jusqu'à présent comme ayant vu naître le poète.

Une première et rapide lecture des historiens et des biographes nous démontra qu'il n'était rien moins certain que l'auteur du *Roman de la Rose*, fût bien de Lorris; que la tradition qui l'y faisait naître, admise et reproduite par tous, sans contrôle aucun, avait son origine dans l'assertion non justifiée d'un des premiers biographes, étranger à la province de l'Orléanais, qui avait indiqué cette ville sans plus ample information.

Et d'une étude plus attentive de ces récits et de l'œuvre même du poète qui nous fournit d'utiles renseignements, le résultat fut que l'auteur du *Roman de la Rose* n'était pas de Lorris, mais qu'il se rattachait par un puîné aux seigneurs de Loury, dont il portait le nom et les armes; que dans le roman, il avait chanté sa *dame* et ses amours, et qu'il avait cessé de vivre vers 1267-68. Et enfin, que Jean de Meung avait repris le roman, non pas, ainsi qu'on le prétend, en 1275 ou 1280, mais après 1302.

Ce travail fut soumis au concours ouvert par la Société Archéologique et Historique de l'Orléanais en 1880. Et, le dirons-nous, notre argumentation ne trouva pas *un seul partisan* parmi les dix membres de cette Société désignés par elle pour former la commission d'examen des manuscrits envoyés au concours. Néanmoins, une médaille de bronze nous fut décernée avec une mention honorable.

Loin d'être découragé, nous nous mîmes à compléter plusieurs points de notre Étude sur Guillaume de Lorris, puis à continuer nos recherches qui, comme on va le voir, furent couronnées de succès.

Le 14 juin 1880, M. de Clinchamps, employé aux Archives départementales du Loiret, eut l'extrême obligeance de nous confier l'Inventaire de la série A des Archives. Aux articles A 269 et A 282 nous lûmes qu'il était fait mention, dans le premier, de lettres en forme de mandement de l'an 1414, citant Guillaume de Lorris et renvoyant au testament d'Alfonse comte de Poitiers, frère de saint Louis; et, dans le second, des lettres patentes de Louis IX et de Philippe III portant inféodation de la maison de Courpalet et de ses dépendances en faveur d'Eudes de Lorris.

Rien ne fut plus pressé pour nous que de prendre communication de ces deux documents qui venaient si inopinément et si heureusement corroborer ce que nous avions avancé dans notre travail soumis à la Société Archéologique de l'Orléanais.

Mais, ne pouvant nous rendre aux Archives, aux heures où elles sont ouvertes au public, nous sollicitâmes de M. le Préfet, par lettre en date du 10 août suivant, l'autorisation d'emporter ces documents d'une importance si grande en la matière, pour les étudier plus aisément.

Nous ne saurions trop remercier M. Lacombe, Secrétaire Général, qui, avec l'agrément de M. l'Archiviste, voulut bien nous accorder la faveur que nous sollicitions.

Ces deux documents nécessitèrent de notre part de nouvelles recherches. Et enfin le 17 janvier 1881, nous pûmes nous rendre aux Archives Nationales et prendre communication du testament du comte de Poitiers.

Le travail biographique sur Guillaume de Lorris aurait pu, avec les renseignements que nous fournissaient Hubert, le *Roman de la Rose*, le P. Anselme, etc., se réduire à quelques pages; mais nous avons pensé donner plus d'intérêt à cette partie de notre étude, en esquissant à grands traits la situation politique et littéraire de l'époque où florissait l'auteur du *Roman de la Rose*; et en faisant connaître l'éducation que recevait alors la jeune noblesse. Cette dernière tâche nous a paru, de toute nécessité, devoir entrer dans la biographie de Guillaume de Lorris, puisqu'il était noble; et, d'ailleurs, parce que cette étude, ainsi qu'on le verra, fait partie des arguments sur lesquels repose notre thèse.

Ces essais sur la poésie et l'éducation chevaleresque et amoureuse au XIIIe siècle n'ont pas été sans attraits pour nous; ils nous ont dédommagé de la longue discussion de faits et de dates à laquelle nous avons été obligé de nous livrer.

Dans cette *Étude* souvent interrompue et souvent reprise à de longs intervalles, à nos loisirs, et ils sont rares, nous n'avons eu qu'un but, celui de rechercher la vérité. Nos propositions sont nouvelles, elles auront à notre sens, pour résultat de substituer à une tradition généralement admise jusqu'ici sans examen, des faits qui s'appuient sur des documents reproduits en appendices; sur des autorités que nous prenons le soin d'indiquer au fur et à mesure des citations et par une nomenclature des auteurs lus et consultés avec indication des éditions de leurs ouvrages.

Il nous reste un devoir à remplir, celui de remercier les personnes qui ont bien voulu nous témoigner un bienveillant intérêt, et nous encourager dans nos travaux; qu'elles nous permettent de leur exprimer ici toute notre gratitude.

Pendant que nous étions dans une douce quiétude; que nous complétions notre travail sur Guillaume de Lorris par de nouvelles recherches nécessitées par la découverte des documents ci-dessus mentionnés; et ce, en attendant le moment propice pour aller aux Archives Nationales, consulter le testament du comte Alfonse, il nous revint, vers le mois de septembre 1880, que M. Louis Jarry, ancien élève de l'École des Chartes, membre de l'Académie de Sainte-Croix d'Orléans, de la Société Archéologique et Historique de l'Orléanais et de celle d'Agriculture, Sciences, Belles-Lettres et Arts d'Orléans, composait un travail sur Guillaume de Lorris et le testament d'Alfonse de Poitiers.

Tout d'abord, cette nouvelle nous surprit étrangement, et il ne tint qu'à bien peu de chose que notre manuscrit ne fût mis de côté. Puis, nous eûmes l'espoir qu'il y avait peut-être exagération dans ces dires, qu'il ne s'agissait sans doute que d'un travail sur notre poète traité à un point de vue différent du nôtre.

Cette espérance fut de courte durée.

M. Jarry, pressé de prendre date, ne perdit pas un instant; quatre mois lui suffirent (juillet, août, septembre et octobre) pour faire les recherches, consulter le testament du comte de Poitiers et composer un opuscule qu'il présenta, non pas à la Société Archéologique, qui connaissait notre travail, mais à celle d'Agriculture, Sciences, etc., d'Orléans, le 19 novembre 1880, sous le titre de : « *Guillaume de Lorris et le testament d'Alphonse de Poitiers.* »

Ce titre ne laissait plus de doute dans notre esprit. Il était de toute évidence que l'auteur voulait s'approprier nos découvertes. — Il nous fallut encore attendre que l'ouvrage parût en librairie pour l'acheter. Ce qui eut lieu le 16 juillet 1881, chez M. Herluison, libraire-éditeur.

Ferons-nous l'analyse des cinquante-deux pages dont se compose cet opuscule qui contient un grand nombre d'erreurs et de contradictions? — A quoi bon! — Cela est tout à fait en dehors de notre cadre. Du reste, il n'y a rien qu'on ne lise ailleurs; l'auteur se range à l'opinion commune au sujet du lieu de naissance de Guillaume de Lorris. La partie la plus importante de son travail est le testament du comte de Poitiers; et si nous le mentionnons ici, ce n'est pas pour le critiquer, mais uniquement pour revendiquer notre bien.

Dans les pages qui précèdent, nous disons que notre Étude sur Guillaume de Lorris fut soumise au concours de la Société Archéologique de l'Orléanais ; et encore *que pas un seul des dix membres* dont se composait la commission d'examen des manuscrits n'adopta la thèse nouvelle que nous présentions sur l'auteur du *Roman de la Rose*. Or, il est utile de relater ici que *M. Jarry faisait partie de cette commission.*

Nous n'avons pas à revenir sur la chose jugée, chacun est libre dans son appréciation ; mais ce que nous ne saurions admettre, c'est le droit qu'a pris M. Jarry de faire l'analyse de notre travail manuscrit soumis à un concours d'une société savante dont il fait partie, pour s'en servir et en user comme du sien propre. Et cela, même sans nous citer.

Contre un pareil acte nous protesterons énergiquement.

Nous n'avançons rien sans preuves ; les voici :

M. Jarry débute par :

« Les biographies d'autrefois et d'aujourd'hui. »

Dans notre *Etude adressée au concours de 1880*, nous entrons ainsi en matière :

« I. — Biographes et historiens. »

Le rapprochement est à noter. Et venant premier en date, (comme manuscrit et non comme impression typographique), nous sommes heureux d'avoir choisi un titre si à propos puisque nous avons trouvé un..... imitateur.

Page 37 « § vii. Héritiers de Guillaume de Lorris. »

M. Jarry fait avec une petite pointe de persiflage l'analyse en quelques lignes de ce que nous disons pages 61, 64, 65, 66, 67 et 68.

Page 44 « § viii Lorris-en-Gâtinais et *Loury-aux-Bois.* »

Ces derniers mots indiquent suffisamment l'emprunt fait à notre travail. L'ombre d'un doute ne peut subsister sur ce point, puisque c'est nous, qui, le premier, avons avancé que l'auteur du *Roman de la Rose* était de Loury. Hubert, dans les manuscrits duquel nous avons trouvé ce renseignement, le fait naître, ainsi que les historiens orléanais et les biographes, à Lorris-en-Gâtinais.

Il nous faut abréger et passer par dessus les autres emprunts que le lecteur pourra facilement établir en lisant notre travail et celui de M. Jarry.

Cela constaté, arrivons au Testament du comte de Poitiers.

M. Jarry n'ose pas s'attribuer franchement le mérite d'avoir, le premier, découvert dans cet acte que Guillaume y était mentionné; il se contente d'*indiquer le document* (page 7) sans apprendre au lecteur comment il en a eu connaissance. Les lettres de 1414 qui y renvoient ne viennent ici que comme pièces accessoires et complémentaires; bref, comme une deuxième découverte, indépendante de celle du Testament (p. 35).

Un peu plus de franchise aurait suffi pour nous contenter et éviter cette discussion que nous faisons bien à regret. Néanmoins, nous donnons acte à M. Jarry de ces demi-aveux.

Il est sans conteste que l'acte de 1414 a été lu, puisqu'il est classé A. 269 de l'Inventaire, mais lors de ce classement, le nom de Guillaume de Lorris n'a évoqué aucun souvenir historique ou littéraire. La meilleure preuve que nous puissions fournir à l'appui de notre dire, est que si M. Doinel, archiviste, y avait pensé, il n'aurait pas manqué de mentionner cet acte important (et le testament d'Alfonse qui y est cité) dans l'édition du *Roman de la Rose* de M. J. Croissandeau, ainsi qu'il a fait pour le soi-disant testament de Clopinel.

Donc, du silence de M. Doinel sur ce point, il faut forcément conclure qu'il n'a eu connaissance du fait que le jour où nous le lui avons annoncé, c'est-à-dire le 16 juin 1880.

Ajouterons-nous que tous les historiens orléanais sont muets sur ces documents; qu'à la distribution des prix du concours de la Société Archéologique, le 8 mai 1880, aucune allusion n'y fut faite lors du compte-rendu de notre travail; et enfin que M. Boutaric dans son ouvrage sur Alfonse de Poitiers, mentionne, page 338, Guillaume de Lorris, sans penser à rapprocher ce nom du *Roman de la Rose.*

M. Jarry, déjà possesseur de l'analyse de notre travail, ayant appris notre découverte de l'acte de 1414 qui renvoie au testament d'Alfonse, et voulant se l'approprier, il ne lui fut pas difficile de nous devancer, d'abord aux Archives Nationales et ensuite pour la publication. Nous ne pouvions, dans notre position, soutenir une lutte d'un si nouveau genre. Aussi n'est-ce que le 17 janvier 1881, longtemps après M. Jarry, qu'à notre tour nous pûmes lire ce document.

Nous aurions voulu éviter ces explications; mais nous ne le pouvons parce qu'elles sont nécessaires pour faire connaître les faits, justifier le titre de notre *Etude* et enfin établir notre droit de priorité.

ÉTUDE HISTORIQUE & BIOGRAPHIQUE

SUR

GUILLAUME DE LORRIS

AUTEUR DU *ROMAN DE LA ROSE*

>>>※<<<

I

BIOGRAPHES ET HISTORIENS.

On accorde, généralement, trop de confiance aux recueils encyclopédiques et biographiques; ces collections, dont l'utilité n'est pas à contester, peuvent être consultées avec fruit; mais il faut bien se garder d'adopter et de reproduire sans examen, tous les renseignements qu'elles contiennent sur un grand nombre de célébrités historiques et littéraires des siècles passés. Pour notre part, nous avons eu maintes fois l'occasion de nous reporter à ces recueils, et nous n'y avons trouvé le plus souvent que des données incertaines : soit sur le lieu et la date de la naissance, soit quant au nom et à la qualité des personnages.

Voici comment nous nous expliquons la rédaction de ces notices biographiques qui ne laissent dans l'esprit que doute et incertitude.

Un premier commentateur vient qui rassemble à la hâte quelques renseignements, sans grand souci de leur exactitude, et content de ce travail qui, pour lui, n'est qu'un préliminaire obligé, il se met de suite à commenter et à annoter l'œuvre historique ou littéraire, objet principal de son étude et de ses recherches. — Cette biographie, ainsi rédigée, traverse les âges et nous la voyons reproduite avec toutes ses inexactitudes dans les recueils biographiques les plus récents.

Nous parlons d'expérience, il nous serait facile de justifier cette proposition par un grand nombre d'exemples. Les présentes recherches sur l'auteur du *Roman de la Rose* vont confirmer ce que nous avançons.

On a peu de renseignements sur Guillaume de Lorris. Dans tous les Dictionnaires de Biographie et ouvrages historiques et littéraires, sa notice se réduit à quelques mots. Cependant son roman si prisé par nos pères (1) et à peine feuilleté aujourd'hui, méritait bien qu'on s'occupât plus sérieusement de l'auteur. Il n'en a pas été ainsi, on a négligé tout à fait la personnalité du poète, pour admirer ou critiquer son œuvre. Et depuis le XVIᵉ siècle, pas un renseignement nouveau n'a été ajouté à ceux fournis par les premiers biographes ; les deux ou trois lignes consacrées, par eux, à Guillaume de Lorris, sont encore celles qu'on lit dans les éditions les plus récentes du *Roman de la Rose* (2).

(1) « Peu de livres ont eu une destinée plus brillante que le *Roman de la Rose*. Depuis le XIVᵉ siècle, époque à laquelle ce vaste poëme vit le jour jusqu'à la nôtre, il n'a pas cessé d'être l'objet de la curiosité publique. » — (Fr. MICHEL, *Roman de la Rose*.)

(2) M. Croissandeau, auteur d'un ouvrage récemment publié sous ce titre, après avoir cherché à établir l'époque où naquit le premier auteur du *Roman de la Rose* (qu'il fixe entre 1209 et 1214), ajoute :

« Ce qu'il y a de *certain*, c'est que Guillaume de Lorris *naquit à Lorris*, « petite ville du Gâtinais, entre Orléans et Montargis, et qu'*il mourut* « *fort jeune, à vingt-six ans*. Il était frère d'Eudes de Lorris, chanoine et « chevecier de l'Eglise d'Orléans, qui fut conseiller au Parlement, « en 1258. »

Ces lignes justifient pleinement ce que nous disons.

Lecteur assidu des récits du vieux temps nous allons es-
sayer, dans la mesure de nos forces, à réparer cet oubli
regrettable, en complétant, à l'aide de nouvelles recherches,
la biographie si intéressante de Guillaume de Lorris,
le gentil auteur du Roman de la Rose, et l'une des principales gloires littéraires du vieil Orléanais.

Mais d'abord, il nous paraît utile, nécessaire même, de
faire connaître, sommairement, les textes des principaux
historiens et biographes qui ont parlé de notre poète.

MORÉRY. — *Grand Dictionnaire Historique.*

« Guillaume de Lorris, auteur françois, poète et juriscon-
« sulte qui vivoit du temps de saint Louis vers l'an 1260. Il
« étoit estimé bon poète et composa en vers le *Roman de*
« *la Rose* pour une dame dont il étoit devenu amoureux. »

Ce récit qui résume ceux de Pasquier, Duchesne, etc.,
fait vivre Guillaume vers l'an 1260. On dit qu'il était jurisconsulte, d'après Fauchet qui n'a fait que le conjecturer, et
qu'une lecture attentive du *Roman* ne justifie point (1) ; et,

(1) « On ne peult à la vérité, dit le Prés. Fauchet, asseurer en quel
« temps il nasquit ou mourut, et encore moins dire de quel estat il
« estoit, si non qu'il est croyable qu'il fût estudiant en droit, pour ce
« que en un endroit, il a laissé ces vers :

« Ainsi nos dit Justiniens,
« Qui fist nos livres anciens. »

Ces deux vers (11894-95, Ed. Croiss.) sont attribués à J. de Meung
et non à G. de Lorris. La conjecture de Fauchet n'est donc pas plus
fondée, sur ce point, que sur celui de l'*estat* de G. de Lorris. (V. ci-après,
page 85, note.)

On peut rapprocher de ces deux vers ceux 7668-71 :

. . . .

Selonc les lois qui sunt escrites,

relatifs à la peine portée contre le larron surpris avec l'objet volé et qui

enfin, on avance que Guillaume composa son *Roman* pour une femme qu'il aimait.

MICHAUD — *Biographie Générale.*

« Guillaume de Lorris, né à Lorris *sur la Loire*, près Mon-
« targis. Fauchet conjecture qu'il s'était appliqué à l'étude
« de la jurisprudence. Les particularités de sa vie sont in-
« connues ; et l'on croit qu'il mourut jeune, vers 1240. »
En note : — « M. Raynouard prouve fort bien que G. de
« Lorris mourut vers 1240 et non vers 1260, comme on l'a
« toujours assuré, vu que Jean de Meung entreprit la conti-
« nuation de cet ouvrage dès l'an 1280. »

Laissons de côté l'erreur géographique : *la Loire passant
à Lorris*, qui est reproduite par un historien orléanais (1).
Dans cette biographie, on avance encore d'après Fauchet,
que Guillaume fut jurisconsulte, on ignore les particularités
de sa vie ; et on croit qu'il mourut jeune, vers 1240, date af-
firmée comme étant la seule exacte, d'après ces quatre vers
de J. de Meung :

> Car quant Guillaume cessera
> Jehan le continuera
> Après sa mort que je ne mente
> Ans trespassés plus de quarente.

Ces vers peuvent, il est vrai, servir à nous faire connaître
sont tirés du quatrième livre des *Institutes*. — Mably, dans ses *Observ.
sur l'Hist. de France*, liv. IV, nous apprend qu'alors les magistrats ne
lisaient pour tout livre, que la *Bible* et le *Code* de Justinién qui venait
d'être découvert et que Saint Louis avait fait traduire pour ses *Etablissements* publiés *l'an de grâce 1270 avant qu'il allât à Tunis*. — (Mably,
l'abbé Saint-Martin, *Etablissements de Saint-Louis*, Velly, etc.)

(1) Philipon de la Madelaine, *l'Orléanais*. — Bouillet a commis la
même faute dans son *Dictionnaire.*

à quelques années près, la date de la mort du premier auteur du *Roman de la Rose*, mais, pour cela, il faudrait établir d'une manière précise en quelle année J. de Meung se mit à continuer l'œuvre de Guillaume. Or les commentateurs et les biographes ne sont pas d'accord sur ce fait. Il est pour nous évident que M. Raynouard n'a absolument rien prouvé, comme nous le démontrerons en son lieu. Du reste, la biographie Didot va citer ces mêmes vers pour combattre la date de 1240 et adopter celle de 1260.

DIDOT. — *Nouvelle Biographie Générale.*

« Guillaume de Lorris, l'un des auteurs du fameux *Ro-
« man de la Rose*, mort vers 1260. Sa mémoire est restée
« populaire à Lorris, sa ville natale et l'on y montre encore
« aujourd'hui sa maison. »

Guill. Colletet, auteur d'une vie de notre poète, est traité d'écrivain peu véridique. Puis le biographe reproduit les quatre vers de J. de Meung.

« Or ces vers si concluants ont dû être écrits entre 1300 et
« 1305, comme nous le prouverons quand nous nous occu-
« perons de leur auteur ; ils nous autorisent donc à placer
« la mort de Guillaume vers 1260. »

Et pour donner plus de force à cette argumentation, on cite encore ce passage du *Roman* :

> « Cy endroit (du manuscrit) trespassa Guillaume
> De Loris, et n'en fist plus pseaulme :
> Mais après plus de quarente ans,
> Maistre Jéhan de Meung ce romans
> Parfist, ainsi que je treuve :
> Et icy commence son œuvre. »

Il n'existe pas l'ombre d'un doute dans cette notice : tout y est affirmatif. Guillaume est mort vers 1260 d'après les

quatre vers cités, contrairement à la *Biographie Michaud*
qui précise *1240*. La même autorité ne peut pas servir de
base à deux systèmes si contradictoires. Un d'eux est évidemment erroné.

La *Biographie Didot* nous fait connaître un détail entièrement inédit que nous soumettons, sans commentaire aucun,
à l'attention du lecteur :

« La mémoire de Guillaume est restée populaire à Lorris
« sa ville natale, *et l'on y montre encore aujourd'hui sa*
« *maison* (1). »

LEMAIRE. — *Antiquités de la ville et du duché d'Orléans.*

« De ceste ville de Lorris est yssu ce gentil et amoureux
« poète Guillaume, surnommé de Lorris, premier autheur
« du *Roman de la Roze* qui vivoit environ l'an 1240, sous
« le règne de saint Louis..... Guillaume, entreprit son *Ro-*
« *man* en 1268. »

Lemaire sort du sentier battu, en nous apprenant que le
Roman fut entrepris en 1268. Cette opinion se trouve être
celle de M. H. Martin qui, dans son *Histoire de France,*
écrit : « Guillaume commença le *Roman de la Rose* vers la
fin du règne de saint Louis. » — D'après ces deux historiens, la continuation du *Roman* par J. de Meung aurait
eu lieu vers l'an 1308.

HUBERT. — *Histoire manuscrite de l'Orléanais.*

C'est le chanoine Hubert qui nous a fourni nos premiers
et plus utiles renseignements pour établir que l'auteur du

(1) En effet, il serait puéril de chercher à réfuter de pareilles asser-
tions qui révèlent l'écrivain fantaisiste. La vérité est qu'on se souvient à
peine à Lorris de l'auteur du *Roman de la Rose*, quant à y montrer la
maison où il naquit, ce ne serait pas chose facile, puisque rien de semblable n'existe à Lorris, nous dit M. Gu... qui, comme instituteur, a
habité cette petite ville pendant sept ans.

Roman de la Rose était de Loury et cela bien malgré lui, puisque dans son *Histoire manuscrite de l'Orléanois*, sous la rubrique : *Loury et ses seigneurs*, il mentionne Guillaume de Lorrys, sans aucun autre détail ; — sous celle des *Orléanois illustres*, il dit positivement que l'auteur du *Roman de la Rose*, était de *Loury* dont sa famille possédait la seigneurie, depuis fort longtemps. Et à l'article : *Lorris-en-Gastinois*, il assigne cette ville comme lieu de naissance au poëte.

Signalons en passant d'abord, la contradiction qui se remarque chez notre vieil historien ; et ensuite faisons remarquer que nos devanciers qui ont si souvent consulté ses manuscrits, qui ont lu et relu les trois textes que nous venons d'indiquer, ont toujours continué à faire naître l'auteur du *Roman de la Rose* à Lorris.

Les Hommes illustres de l'Orléanais.

« Guillaume de Lorris, né à Lorris-en-Gâtinais dans la
« première moitié du XIII⁰ siècle, mourut à la fleur de la
« jeunesse vers 1260, ou plus vraisemblablement vers 1240.
« Il était frère d'Eudes de Lorris, chanoine et chevecier
« de l'Église d'Orléans qui fut conseiller au Parlement en
« 1258. »

Ce récit, un des plus récents, n'est que la reproduction de celui de la *Biographie Michaud*. On rejette la date de 1260 pour adopter celle de 1240. C'est d'après Dom Gérou qu'on dit que Guillaume était frère d'Eudes.

D. Gérou écrit : « Nous trouvons dans des mémoires qu'il (Guillaume) était frère d'Eudes de Lorris, chanoine de l'église d'Orléans, qui fut conseiller au Parlement en 1258. » Et il cite en marge : « *Généalogies manuscrites de M. Hubert.* »

Ce renseignement est inexact. Les *Généalogies* ne parlent point des seigneurs de Loury ; c'est dans le II⁰ volume de l'*Histoire manuscrite de l'Orléanois*, que se trouve la phrase citée.

Pourquoi n'avoir pas reproduit en son entier ce passage qui nous apprend que Guillaume était de Loury. Est-ce que ce texte rectificatif n'inspirait pas une entière confiance ? Pour en apprécier le mérite, il suffisait purement et simplement d'étudier cette origine en révisant les récits tant anciens que récents comme nous le faisons actuellement.

Peut-être, encore, n'a-t-on pas voulu innover, aller contre une tradition, plusieurs fois séculaire. Et on a trouvé plus aisé de passer par dessus ce texte important. C'est ainsi que les erreurs vont se perpétuant.

Nous arrêterons ces extraits que nous pourrions multiplier à l'infini, sans rien ajouter à l'intérêt de notre travail sur Guillaume de Lorris. En les résumant rapidement nous voyons :

Premièrement. — Que tous les auteurs sont d'accord pour indiquer Lorris-en-Gâtinais, comme lieu de naissance.

Deuxièmement. — Qu'ils diffèrent sur l'époque de la naissance et sur celle de la mort.

Troisièmement. — Et qu'enfin, ils sont unanimes pour reconnaître qu'on a très-peu de renseignements sur l'auteur du *Roman de la Rose*.

Examinons le premier point.

QUELLE EST L'ORIGINE DE LA TRADITION QUI FAIT NAITRE GUILLAUME DE LORRIS A LORRIS-EN-GATINAIS ?

Dans la partie du *Roman de la Rose* attribuée à Guillaume (les 4,150 premiers vers), on ne voit rien, absolument rien, qui renseigne, non seulement sur le lieu de naissance, mais encore sur le nom de celui qui, le premier, composa ce roman. D'après ce silence n'est-on pas porté à croire que le poète a voulu garder l'anonyme ? — Sans doute, il avait des raisons toutes particulières pour ne pas se faire connaître, même d'une manière indirecte, c'est-à-dire en faisant entrer son nom ou son prénom dans la mesure d'un de ses vers, à l'exemple de plusieurs de nos vieux poètes (1). Il ne s'est assuré la paternité de son œuvre, que par un détail écrit négligemment au courant de la plume, en apparence du moins, et qui n'a été remarqué par aucun des nombreux commentateurs du *Roman de la Rose*. Nous reviendrons plus loin sur ce fait qui a une importance capitale, puisqu'il nous renseigne sur la famille à laquelle se rattachait le poète.

(1)   Cil qui la chanson (d'Antioche) fit sot bien dire les noms
        Ricars li pèlerins, de qui nous la tenons.

Un autre trouvère du xiiie siècle, emploie l'acrostiche pour se faire connaître. Les lettres initiales des vingt premiers vers de son ouvrage sur Boëce donnent cette phrase : « Simün de Freisne me fist. » — V. *la France littéraire* qui donne d'autres exemples, et page. 77, note.

Si on consulte les contemporains, le résultat n'est pas moins négatif : absence totale de renseignements.

Jean de Meung est donc le premier qui a dit que Guillaume de Lorris, était l'auteur du *Roman de la Rose* :

> Cy endroit trespassa Guillaume
> De Lorris, et n'en fist plus pseaulme
> Mais après plus de quarente ans
> Maistre Jean de Meung ce romans
> Parfist ainsi que je treuve :
> Et icy commence son œuvre.

Et cela, d'après le continuateur, *plus de quarente ans après le trespassement* de Guillaume.

Ici se pose la question : Comment J. de Meung a-t-il eu connaissance du manuscrit de G. de Lorris ?

La réponse n'est pas facile à faire lorsque, se reportant à cette époque, on voit les familles nobles cantonnées chacune dans son manoir et être étrangères les unes aux autres. Et on se demande où J. de Meung s'est renseigné pour dire que G. de Lorris était l'auteur du *Roman*, lorsque le nom de ce dernier n'apparaît point dans son œuvre ?

Quoiqu'il en soit, la déclaration de Clopinel est exacte. Guillaume de Lorris est bien certainement l'auteur de ce célèbre roman. Lui-même a eu le soin de le constater.

Mais le lieu de naissance ?

Sur ce chef, Jean de Meung est complètement muet. Cette lacune est d'autant plus surprenante de sa part, qu'il n'omet pas, en ce qui le concerne, personnellement, de nous apprendre que lui, *Jehan Clopinel, nasquit sur Loire, à Meung.* Devant cette omission inexplicable du continuateur et devant le silence que gardent les manuscrits sur ce point, force nous est de rechercher celui qui, le premier, a écrit que Guillaume de Lorris était de Lorris-en-Gâtinais.

Jean Molinet et Clément Marot qui éditèrent le *Roman de la Rose,* l'un en 1503 et l'autre en 1527, citent une ou deux fois notre poète, et sans plus. Pas de détails biographiques, nulle mention du lieu de naissance.

Fauchet, *Recueil des 127 poètes*, etc. (Paris 1581), et du Verdier Vauprivas, *Bibliothèque Françoise* (Lyon 1584), dans les quelques lignes de biographie qu'ils consacrent à G. de Lorris, ne parlent point, non plus, du lieu de sa naissance.

C'est, croyons-nous, à La Croix du Maine qu'il faudrait faire remonter l'origine de cette assertion.

Nous lisons, en effet, dans sa *Bibliothèque Françoise*, publiée à Paris en 1584, la même année que celle du Verdier :

« Guillaume de *Lauris* ou de *Lorris-en-Gastinois*, ancien
« poète françois, et l. Q. l'an 1260 ou environ. Il a com-
« mencé le *Roman de la Roze*, lequel a esté depuis continué
« et achevé par Jean Clopinel, surnommé de Meun ou Me-
« hun-sur-Loire... »

Cet auteur n'entreprit pas de longues recherches pour réparer sur ce point important l'omission de Clopinel ; le nom fit toute l'affaire. Lorris-en-Gâtinais, ville si connue par sa célèbre coutume qui, au XVIIe siècle, régissait près de trois cents villes, bourgs ou villages, s'offrit de suite sous sa plume et fut adoptée par lui comme étant le lieu qui avait vu naître le premier auteur du *Roman de la Rose*. Il ne lui vint pas un instant à la pensée de rechercher s'il n'existait pas une autre localité de ce nom qui pût revendiquer, comme sien, notre poète (1).

(1) Il est heureux pour notre province que La Croix du Maine ait désigné Lorris-en-Gâtinais ; car s'il a commis une erreur en indiquant cette ville au lieu de celle de Loury, qui sans doute lui était inconnue, il a dit vrai au fond, en faisant le poète d'origine orléanaise.

Il aurait pu tout aussi bien écrire *Lorris* (*Lauriacum*), diocèse d'Angers ; ou encore *Lauris* sur la Durance (*Castrum de Laureis*), Basses-Alpes, ancienne terre seigneuriale érigée en baronnie en 1551 et qui a donné son nom à la maison de *Lauris*. « Plusieurs membres de cette famille

L'assertion de La Croix du Maine fut reproduite et accréditée par D. Morin, Duchesne, Lemaire, Hubert, etc. ; et elle nous est parvenue sans donner lieu à aucune contradiction. Nous admettons volontiers qu'elle se soit maintenue telle parmi les historiens étrangers à notre province et qui, par cela même, ne pouvaient guère rectifier l'erreur commise par la Croix du Maine ; mais on ne peut raisonnablement excuser les écrivains orléanais d'avoir accepté cette tradition sans aucun contrôle. Tous cependant, sans exception, la reproduisent et vont disant que Guillaume de Lorris *issu de noble race*, est né à Lorris-en-Gâtinais.

La particule *de* exprime un rapport d'origine ou de possession. On est du lieu comme *bourgeois* ou comme *seigneur*.

Le titre de bourgeois de Lorris qui, étant établi, aurait pour conséquence de faire Guillaume originaire de cette ville, ne peut, en aucune façon, convenir à l'auteur du *Roman de la Rose*, par la raison qu'il était de *noble race*. Pour en trouver la preuve, faisons abstraction de tous autres documents, et ne citons que l'œuvre même du poète où cette origine est suffisamment démontrée, notamment à propos des leçons que le *Dieu d'Amour* donne à l'*Amant-poète* (1) sur l'habillement, la conduite qu'il doit tenir dans sa poursuite amoureuse qui, disons-nous plus loin (p. 84),

furent chefs des croisés aux XIe, XIIe et XIIIe siècles. *Guilhem de Lauris* complimenta Charles Ier, comte d'Anjou, sur son mariage avec Béatrix (1245). » (*Giornale Araldico-Genealogico-Diplomatico*, octob.-novemb. 1880. Pise, p. 120, qui cite d'Hozier, *Armorial général de France*, t. VI).

Et le choix de cette dernière localité qui, en 1245, avait précisément un seigneur du nom de *Guillaume de Lauris*, bien en cour, et félicitant Charles d'Anjou sur son mariage, aurait eu pour résultat, en égarant les biographes et les historiens, de rendre impossible toute recherche sur l'origine de l'auteur du *Roman de la Rose*.

(1) Guillaume de Lorris s'est mis en scène dans le roman sous le

ne pouvaient convenir qu'à une personne de *condition noble* (1).

nom de l'*amant*, comme on le voit par les passages ci-après du continuateur :

> Vès-ci Guillaume de Lorris
> Cui jalousie sa contraire
> Fait tant d'angoisse et de mal traire
> Qu'il est en péril de morir,
> Se ge ne pens du secorir. (vers 10909 et s.)
>
> Ci se reposera Guillaume
> Le cui tombel soit plain de baume
> D'encens, de mirre et d'aloé
> Tant m'a servi, tant m'a loé. (vers 10944 et s.)
>
> Si vous cri merci jointes paumes
> Que cis las dolereus Guillaumes
> Qui si bien s'est vers moi portés
> Soit secorus et confortés. (vers 11040 et s. Ed. Croiss.)

Nous nous autoriserons plus loin de ces vers pour dire que Guillaume, en composant son roman, a voulu faire l'histoire de ses amours.

(1) Ainsi l'ont compris Ducange et l'abbé Velly. Ce dernier, citant un formulaire de l'hommage que le roi d'Angleterre et duc d'Aquitaine devait rendre, dit :

« Alors le roi de France recevra ledit roi d'Angleterre et duc audit hommage lige, *à la foi et à la bouche*, c'est-à-dire au *baiser. Le roi n'accordait cette dernière faveur qu'à la noblesse du sang, jamais à celle du fief*; ainsi, ajoute-t-il en note, qu'on peut le voir par *ces vers tirés du Roman de la Rose* et rapportés par Ducange au mot *homagium osculi* : (Or, je veux, dit *le dieu d'amour à l'amant poète*.)

> « Or je veux pour ton advantage
> Qu'orendroit me fasses hommage
> *Et me baises emmi la bouche*
> *A qui nul vilain homme ne touche.*
> A moi touchier ne laisse mie
> Nul homme ou il ait villenie.
> Je n'y laisse mie touchier
> Chacun bouvier, chacun bouchier,

Examinant la question sous cette nouvelle face, c'est-à-dire le nom du fief joint au prénom de celui qui possède, doit-on considérer Guillaume comme seigneur de Lorris ou, au moins, comme se rattachant à une famille qui prenait ce nom de Lorris, de la ville dont elle avait la seigneurie ?

La réponse ne peut être que négative, puisque Lorris «la plus ancienne chastellenye de l'Orléanois a toujours esté du domaine de la Couronne.»

Ce serait ici le lieu de faire l'historique du régime féodal dans notre province pour établir ce qu'était alors une *chastellenye royale;* mais nous n'avons que quelques lignes à consacrer à cet exposé que nous traitons plus longuement dans un autre travail.

Contentons-nous donc de dire que l'Orléanais fut compris dans le territoire *d'entre Seine et Loire* donné en 861 par Charles le Chauve à Robert le Fort, qui alors prit le titre de *duc de France.* Possédé par son fils Eudes et son petit-fils Hugues le Grand, ce duché, à l'avènement de

> Mais être doit courtois et frans
> Celui duquel hommage prens. » (*Hist. de Fr.* 3-261, 262.)

Nos historiens se sont souvent autorisés du *Roman de la Rose* Nous venons de voir Ducange et Velly le citer pour déterminer l'hommage par le baiser féodal. Pasquier (liv. II de ses *Rech. sur la France*) et Loiseau (liv. XX, ch. IX des *Offices*) s'autorisent de ces deux vers du roman :

> Ou s'il veut pour la loy défendre,
> Ou soit d'armes ou de lectures.

pour dire qu'il y avait en France deux sortes de chevaliers, les uns d'armes et les autres de lois.

De même La Roque, à propos de l'origine du mot *sire :* « Ce mot dont on se sert pour parler ou pour écrire aux rois est ancien : il en est fait mention, dit-il, dans le *Roman de la Rose,* de Jean Chopinel, lequel parlant des amours de Thibault, roi de Navarre, comte de Champagne et de Brie, l'appelle *grand sire.* (*Tr. de la Nobl.* p. 246.)

Hugues Capet à la couronne, constitua en partie ce qu'on appela depuis, le *domaine royal*.

Le duc de France et les premiers rois capétiens ne pouvant administrer, par eux-mêmes, tous ces domaines et pour se faire une clientèle d'amis et d'alliés, en inféodèrent une grande partie à foi et hommage et à charge du service militaire.

C'est ainsi qu'au xiiie siècle, nous voyons l'Orléanais divisé en de nombreux fiefs relevant, d'après leur situation, des châtellenies royales ci-après désignées qui, pour les feudataires, étaient le siège de l'autorité souveraine représentée par des sénéchaux, qui étaient nobles, ayant sous eux des baillis. des prévôts et autres officiers de condition noble ou roturière, exerçant au nom du suzerain les droits féodaux, administrant les finances, affermant les produits du domaine royal, rendant la justice, faisant la police et tous les actes de l'administration, recevant l'hommage et semonant ceux qui en relevaient directement (1).

Ces grands vassaux, à leur tour, inféodèrent partie de ce qu'ils tenaient du roi, sous les mêmes charges féodales de foi et hommage et du service militaire. De là vinrent les arrière-fiefs et les arrière-vassaux ou vavasseurs.

Les anciens rôles de ban fournissent à ce sujet de précieux renseignements.

Un rôle du temps de Philippe-Auguste (1214), nous fait connaître les noms de cent-soixante feudataires de notre province qui tenaient *nûment* du roi.

Un autre de l'an 1272, rapporté par La Roque (p. 71) nous apprend que quatre-vingt-cinq feudataires de la *Ballivia Aurelianensis* furent *semons* à Tours à la quinzaine de Pâques de la même année. — Ce rôle est complété pour les détails par un autre document de même nature également-

____

(1) H. Wallon. *Saint Louis et son temps*, II, 75, 76, 143.

ment rapporté par La Roque (p. 86) qui contient les renseignements suivants :

Trente-neuf feudataires relevaient de la prévôté d'Orléans ; — 2 de la châtellenie de Neuville ; — 7 de celle de Courcy ; — 6 de Vitry ; — 5 de Châteauneuf ; — 5 de Boiscommun ; — 6 d'Yèvre ; — 4 de Boësses ; — 13 de Montargis ; — 30 de Janville ; — 17 de Lorris : — et 38 feudataires relevaient de la châtellenie de Gien.

Il résulte donc de ces deux documents qu'en 1272, l'Orléanais comptait 172 fiefs tenus nûment du roi à cause de la prévôté d'Orléans et des onze châtellenies qui viennent d'être citées. — Quant aux arrière-fiefs, c'est par milliers qu'ils se présentent sous la plume.

On sait combien les premiers rois de la troisième race se montrèrent jaloux pour tout ce qui touchait à leur suzeraineté féodale. L'histoire nous montre, à chaque page, les luttes qu'ils soutinrent pour empêcher qu'une autorité rivale de la leur ne vînt s'établir sur leurs domaines.

C'était, du reste, bien moins le revenu de la terre qu'ils cherchaient à mettre à l'abri de toute atteinte que les châtellenies elles-mêmes dont ils voulaient conserver intactes les prérogatives ; car, souvent ce revenu, — celui de la châtellenie de Lorris entre autres, — était grevé par eux de rentes féodales (1) qui, en diminuant la valeur productive de la terre, augmentaient d'autant le nombre des vassaux qui en relevaient. Or, on sait qu'à ces époques, l'importance d'un

______

(1) Mille choses pouvaient constituer un fief et entraîner tout ou partie des obligations qui s'y rattachaient : une terre, une maison, une rente, une pension, un droit de gruerie ou d'entrée, de péage, de rouage, des essaims d'abeilles ; et si l'on en croit certains auteurs, l'air même que nous respirons : d'où vient cette expression si singulière, qu'on trouve souvent dans nos anciens auteurs, *fief en l'air, fief volant, incorporel, sans terre et sans domaine.* (Velly, VI, 185. Ducange ; Wallon, lieu cité, II, 118.)

fief s'évaluait moins d'après le revenu que par le nombre de vassaux soumis au service militaire.

Ces considérations nous amènent naturellement à dire qu'on ne peut croire à l'existence à Lorris, *châtellenie royale*, d'une *famille noble portant ce nom de Lorris*, qui sous-entend possession.

Tous nos historiens sont unanimes pour reconnaître le rapport de possession qu'exprime la particule *de* :

Mézeray, sous le règne de Philippe II, écrit: « Sur la fin de ce règne, les familles commencèrent à avoir des *surnoms fixes et héréditaires*. Les seigneurs et les gentils-hommes les prenoient le plus souvent des terres qu'ils possédoient..... » (II, 353.)

Le Père Daniel, règne de Hugues Capet : « Ce fut alors que *plusieurs seigneurs* qui n'estoient ni ducs, ni comtes, *commencèrent à se surnommer du nom de leurs terres et de leurs chasteaux*, au lieu qu'autrefois chacun n'avoit que son nom propre, auquel depuis quelque temps, pour distinguer ceux du mesme nom, on ajoutoit quelquefois, un surnom tiré de la couleur de leur visage, ou de leur stature ou de leur force, comme le *Blanc*, le *Noir*, le *Fort* et d'autres semblables. » (I, 998.)

L'abbé Velly, même règne : « Le surnom devint alors généralement à la mode. *Les nobles le tirèrent de leurs fiefs ou seigneuries ;* le bourgeois le prit du lieu de sa naissance, le *Picard*, le *Normand*, ou du métier qu'il exerçait, le *Charron*, le *Meusnier*, ou de quelque ridicule, le *Roi*, le *Prince*, l'*Evêque*, ou enfin de quelque défaut naturel, l'*Escaché*, le *Camus*, le *Bossu*. » (II, 255.)

Duchesne dans son *Histoire de la maison de Montmorency*, Le Laboureur, La Roque expriment le même sentiment qui est reproduit par M. H. Martin dans son *Histoire de France* (VI, 574) en ces termes :

« L'époque où reparut le nom de famille n'est pas contestable. Ce fut après que la famille féodale se fut assise et que la société du moyen-âge eut pris sa forme, du XIe au XIIe siècle. Au nom propre ou de baptême s'ajouta un surnom (*cognomen*) héréditaire : tantôt un nom de baptême répété durant plusieurs générations, et qui, de nom, devient alors *surnom* ; tantôt un nom de qualité physique ou morale, tantôt un nom de lieu. *L'esprit féodal finit par faire prédominer exclusivement, dans la noblesse, le nom de lieu, le nom de terre ;* »

Et par l'auteur du *Dictionnaire des Mœurs, Usages de la France* :

« Vers le XIe siècle, les propriétaires ou *seigneurs féodaux portèrent deux noms*, le premier donné suivant l'ancien usage *et le second tiré* de la terre qu'ils possédaient. » (v^o V, *Noms*.)

Devant cet accord des historiens et pour appliquer cet usage féodal, il faut chercher ailleurs qu'à Lorris, *châtellenie royale*, la seigneurie ou le fief qui a donné son nom à la famille à laquelle appartenait l'auteur du *Roman de la Rose*. Et grâce au chanoine Hubert nos recherches ne seront pas longues.

Au tome 1er, page 281 de son *Histoire manuscrite de l'Orléanois*, nous lisons que Loury-aux-Bois, en latin, *Loriaco, Loriacum* et *Lauriacum*, qu'on a traduit dans les vieux titres par Lory, Lorry, Lorrys et Loury (1), « est un chasteau sis

(1) Hubert. — V. en outre le livre des fiefs de l'Évêché d'Orléans cité par M. Houdas dans sa *Notice sur Loury* (Orléans 1859), et les *Recherches historiques sur l'Orléanais*, par M. l'abbé Patron, où Loury se lit également sous les formes latines que nous venons de produire.

Eudes, *frère* de l'auteur du *Roman de la Rose*, est désigné sous le nom de *Lorriaco*, dans la charte de saint Louis de 1256, et dans celles de 1259 et 1281. Dans les preuves des *Antiquitez historiques de l'Église royale de Saint-Aignan*, par Hubert (p. 45, 46, 47 et suiv.) le nom latin

« en forest d'Orléans distant de quatre lieues de ladite ville
« mouvant en plain fief de l'évesché d'Orléans, à cause de
« la Fauconnerie ; et quant à la haute justice elle relève du
« roy à cause de son chastelet d'Orléans. — Cette terre a
« toujours esté possédée par des familles considérables
« desquelles nous avons faict icy une table cronologique et
« généalogique. »

Puis, suit la généalogie de ces seigneurs qui avaient pour armes : *d'or, à la fasce d'azur accompagnée de trois aiglettes de gueules.* Et, parmi lesquels, il est fait mention d'un Guillaume de Loury, frère d'Eudes, tous les deux fils d'Adam, puîné des sires de Loury, et auteur de cette branche, sans autres détails (1).

Tome II du même ouvrage, livre X, chapitre II : *« Des quelques illustres Orléanois ou des environs d'Orléans. »* Hubert reprend ce Guillaume de Loury qu'il nomme *Lorrys,* à qui il attribue *le Roman de la Rose ;* il donne des renseignements biographiques sur ce personnage, *« issu de race noble et d'ancienne chevalerie »* et *qu'il rattache positivement aux sires de Loury.*

Il n'est pas douteux un instant que l'historien n'a dressé cette généalogie, qui comprend 10 pages in-4°, à écriture serrée, et donné des renseignements sur l'auteur du *Roman*

Lorriaco est traduit ainsi : — 1252, Eudes de Lorez ; — 1260, Eudes de Lorry.

Les différents mss. et éditions du *Roman de la Rose* donnent Guillaume de *Loris,* des *Loris, Lorris, Lauris,* etc.

Enfin le P. Anselme, en parlant des seigneurs de Loury les nomme indifféremment *Lorris* ou *Lorry.*

Si nous faisons remarquer que dans les historiens orléanais, les dictionnaires géographiques et historiques et dans les anciens titres, Lorris-en-Gâtinais est traduit en latin par *Lori, Loriaco, Loriacum, Lorriacum,* etc., on s'explique facilement l'erreur commise par La Croix du Maine.

(I) V. *Appendice* I, où nous rapportons la généalogie des sires de Loury.

de la Rose que, d'après des documents qui lui ont été fournis. L'ordre généalogique, les dates, les alliances, les
fonctions de plusieurs membres de cette famille, tout, en
un mot, démontre que le généalogiste orléanais a eu à sa
disposition les « *archives du chasteau de Loury.* » Autrement, nous ne craignons pas de le dire, un semblable travail
n'aurait pas été possible.

Le chanoine Hubert s'était donné pour tâche de rassem-
bler de nombreux renseignements historiques et généalogiques sur l'Orléanais, dont il voulait écrire l'histoire. C'était
un compilateur infatigable ainsi que le témoignent les manuscrits qu'il a laissés, (1) ; malheureusement, ses recherches contiennent un grand nombre d'erreurs de dates et de
noms ; nous doutons que sa mémoire fût fidèle; cette faculté dut lui faire quelquefois défaut.

Qu'on en juge:

Hubert vient de rédiger la généalogie des sires de Loury,
de dire que l'auteur du *Roman de la Rose* était de cette famille et de faire sa biographie. C'est le cas où jamais de
mettre cette découverte à profit et de chercher à détruire
la tradition qui indique Lorris-en-Gâtinais comme lieu de
naissance.

Rien de semblable n'a lieu, — l'historien qui ne se rap-
pelle plus ce qu'il vient d'écrire (2), d'après des documents

(1) C'est en vain qu'on chercherait dans la publication *les Hommes
illustres de l'Orléanais*, la notice biographique du chanoine Hubert qui
méritait d'y figurer à tant de titres. Le savant et érudit bibliothécaire
d'Orléans, M. J. Loiseleur, a réparé cet oubli, en publiant, en 1859, dans
les *Bulletins de la Société Archéologique de l'Orléanais*, un travail biographique et bibliographique sur Hubert et ses manuscrits.

(2) Dans notre *Etude sur Pierre l'Ermite*, nous avons fait remarquer
une semblable erreur commise par l'historien chartrain, Souchet, qui,
paraphrasant le texte d'Ordéric Vital, au sujet de la première croisade,
et citant *parmi les croisés chartrains, un moine très-docte du nom de Pierre
d'Aschères,* poursuit son récit sans être frappé de la coïncidence qui se

à lui confiés pour son travail généalogique et qui méritent toute confiance, dit quelques pages plus loin, à l'article : *Lorris-en-Gastinois* : « De la ville de Lorris est sorty un des plus excellens génies de son siècle, Guillaume de Lorris qui a composé le *Roman de la Rose.* »

Cette singulière contradiction a été, sans nul doute, remarquée par plusieurs écrivains qui, cependant, ont continué à dire Lorris au lieu de Loury, croyant à une erreur de l'historien dans les premières mentions qui, comme on vient de le voir, ont été rédigées d'après des documents.

C'est le choix contraire qui aurait dû avoir lieu.

Lorris ne peut se prévaloir que de la seule tradition dont l'origine remonte à La Croix du Maine.

A l'appui de sa revendication, Loury produit la généalogie des seigneurs de ce nom dressée par Hubert, d'après titres et dans laquelle figure l'auteur du *Roman de la Rose*; — puis, invoque le témoignage imposant du Père Anselme qui confirme le récit du généalogiste orléanais.

Au tome II (p. 412 et s.) de son *Histoire généalogique de la maison de France*, etc., dans la notice que ce savant auteur consacre à Gilles de Lorris, évêque et comte de Noyon, pair de France et conseiller du roi, mort avant 1388, et où il rapporte les différentes opinions qui font ce personnage originaire de Lorris ou du diocèse de Paris (1), on lit :

« *Il est constant que de son temps il y avoit des personnes* « *du surnom de Lorris dans les conseils du roi. Leurs* « *armes étoient : d'or, à la fasce d'azur, accompagnée de* « *trois aigles de gueules, deux en chef et une en pointe;* « *mais pour ne rien donner par conjecture, on n'a pas voulu* « *attribuer ces armes à l'évêque de Noyon et on se conten-*

rencontre entre les nom, prénom et qualité du croisé chartrain et ceux du prédicateur de la première croisade nommé *Pierre d'Aschères* par Ordéric Vital.

(1) Cet évêque est cité dans la généalogie des sires de Loury.

« *tera de* RAPPORTER ICY CE QUI S'EST TROUVÉ PAR TITRES DU
« NOM DE LORRIS.

« Eudes de Lorris vivoit sous le règne de saint Louis qui
« par ses lettres de l'an 1256, lui fit don de la maison de
« Corpalay sous l'hommage de la couronne avec la faculté
« de chasser à l'oiseau et aux petites bêtes dans la garenne
« de Lorris. Ce qui fut confirmé par le roi Charles le Bel,
« l'an 1324 (1). »

Le P. Anselme écrit, NON PAR CONJECTURE, MAIS D'APRÈS
TITRES, qu'Eudes de Lorris appartenait à une famille de ce
nom qui avait pour armes : *D'or à la fasce d'azur, etc.* Or,
si nous rappelons ici que ces armes sont celles mêmes des
sires de Loury ; puis que d'après Hubert, *Eudes de Lorris
était frère de Guillaume l'auteur du Roman de la Rose* (2),
la famille à laquelle appartenaient les deux frères n'est plus
à chercher. Et alors, on sera bien forcé de reconnaître que
c'est avec juste raison qu'ils figurent dans la généalogie des
seigneurs de Loury.

Du reste, l'assertion de l'historien orléanais que *Guillaume était frère d'Eudes,* est pleinement justifiée par un
vidimus de l'an 1385, des lettres de donation de 1256, où on
apprend qu'en 1281, la maison de Corpalay était possédée

(1) Le P. Anselme mentionne encore en ce volume ainsi qu'au quatrième (p. 125 et 255), d'autres seigneurs de *Lorris* ou *Lorry,* dont plusieurs figurent dans la généalogie dressée par Hubert.

(2) Dom Gérou *copiant* Hubert sur ce point, a écrit qu'Eudes était
frère de l'auteur du *Roman de la Rose.* — A son tour, D. Gérou a été
copié par l'auteur de la notice sur G. de Lorris, dans l'ouvrage intitulé
les Hommes illustres de l'Orléanais :

« Il (Guillaume) était frère d'Eudes de Lorris, chanoine et chevecier
de l'Eglise d'Orléans, qui fut conseiller au Parlement en 1258. »

Pareille mention se lit dans la dernière édition du Roman de la Rose :
« Il (Guillaume) était frère d'Eudes de Lorris, chanoine et chevecier
de l'Eglise d'Orléans, qui fut conseiller au Parlement en 1258. » —
(I, XVIII.)

par *Etienne de Lorris, neveu et héritier d'Eudes de Lorris* (1). Si nous nous reportons à la généalogie dressée par Hubert, nous voyons effectivement que l'auteur du *Roman de la Rose* eut deux fils :

« Jean de Lorry, chevalier capitaine gouverneur de la Tour-Neuve d'Orléans en 1302 ;

« Et Etienne de Lorry, conseiller d'église au Parlement de Paris en 1312 et prévost de Solongne de l'église de Saint-Aignan. »

Cette démonstration semble décisive.

Et si par impossible, il pouvait exister encore quelque doute, nous pourrions nous autoriser du *Roman de la Rose.*

Nous y lisons d'abord que l'auteur était *noble* (v. ci-après p. 84), qualité qui, en venant à l'appui de notre thèse, est tout à fait opposée à la prétention de Lorris.

Ensuite, nous considérons, jusqu'à preuve du contraire, la description du personnage *Déduit (plaisir d'amour),* comme étant celle même de Guillaume.

Cette description, que nous reprenons plus loin (p. 77), contient ces vers :

> . . . .
> Il estoit jeune damoyseaulx
> Son baudrier fut *pourtraict d'oiseaulx*
> Qui tout *estoit à or batu.*
> . . . .

qui, avons-nous déjà dit, n'ont été l'objet d'aucune remarque de la part des commentateurs (2). C'est cependant par

(1) V. *Appendice* II, le texte de ce document.

(2) M. Fr. Michel donne la leçon suivante :

> D'un samit portret à oysiaus
> Qui ere tout a or batus
> Fu ses cors richement vestus. (Vers 825 et s.)

Même leçon dans l'édition de M. Croissandeau (vers 846 et s.), qui traduit ainsi :

> Il était avec élégance

ces vers que Guillaume s'est assuré la paternité de son œuvre.
On nous objectera que le poète a fait de semblables des-

> Vêtu tout d'or et de satin
> Tissu d'oiseaux à grand dessin. (Vers 850 et s.)

Cette traduction rend inexactement le sens des trois vers du Roman. G. de Lorris a voulu, c'est indubitable, décrire un blason. En voici la preuve d'après un auteur contemporain. Joinville racontant la *grant cour* que Saint Louis tint à Saumur, en 1241, en l'honneur de la chevalerie de son frère Alfonse, dit : « ..... Et après ceux-ci (les chevaliers de messires de Beaujeu, de Coucy et de Bourbon), grant nombre d'huissiers, d'armes et de salle qui estoient au conte de Poitiers *portans ses armes batiies sur sandail* » (taffetas).

Et du « conte de Japha de la lignée de Joinville, qui portait *d'or à une croix patée de gueules*...... Avoit en sa gallère bien trois cens mariniers d'élite portant chacun d'eux une grande targe (bouclier courbé et de forme carrée) à ses armes et à chacune targe, il y avoit un penonceau aussi de ses armes, *fait à or batu*. »

C'est ainsi que s'exprimaient les poètes et les auteurs du XIII° siècle pour dépeindre un écu armorié. Nous sommes loin, comme on le voit, de la traduction par trop fantaisiste du *Vêtement tout d'or et de satin, tissu d'oiseaux à grand dessin.*

Cette erreur d'interprétation se remarque encore dans les vers 16707 et s., où il est question d'armoiries :

> Chevaliers armés en bataille
> Sor biaus destriers tous couverts
> *D'armes* yndés, jaunes ou verts
> Ou d'autres colors piolés,
> Se plus piolés les volés....

qui sont traduits par :

> Sur beaux destriers tout couverts
> *D'ornements bleus, jaunes ou verts,*
> Chevaliers armés en bataille
> Qu'il peigne, teigne, forge ou taille
> Ou de tous sens bariolés,
> Si plus bariolés les voulez. (Vers 16906 et s.)

Jean de Meung entend parler de chevaliers armés en bataille, montés

criptions pour les costumes de *Liesse,* la *mie de Déduit,*
de *Richesse, Largesse, Franchise* et du *Dieu d'Amour.*

Ce dernier « avoit robe de fleurettes, à losanges et à oy-
seaulx et petits lionceaulx et autres bestes et liepars. »

Richesse « portoit un vestement de pourpre pourtraict^h
y furent orfroys et hystoyres d'empereurs et de roys. »

D'accord, en tant que costumes ; mais pas une seule de
ces descriptions ne se rapproche autant de l'art héraldique
que celle qui nous occupe. *Ici, c'est non-seulement l'habillement qui est décrit, mais encore le baudrier,* ornement qui
servait au chevalier à porter l'épée et sur lequel ses armoiries étaient figurées (1).

> Il estoit jeune damoyseaulx
> Son baudrier fut pourtrait d'oyseaulx
> Qui tout estoit à or batu.

C'est-à-dire pour blasonner régulièrement, il portait :
d'or à plusieurs oiseaux de..... Or, d'après le P. Anselme et

sur *de beaux destriers, qui sont tout couverts de housses et de caparaçons,
sur lesquels sont figurées des armoiries d'azur, d'or, de sinople et autres
couleurs tachetées : hermine, vair, contre-vair,* etc., et non *d'ornements
bleus, jaunes ou verts,* qui ici ne signifient rien.

(1) Le baudrier mentionné dans Grégoire de Tours et dans Aimoin,
comme ayant été l'insigne du guerrier franc, constitua plus tard une des
principales pièces de l'armement du chevalier, et ce terme servit à nos
chroniqueurs pour exprimer la chevalerie elle-même.

« Les évêques d'Orléans et d'Auxerre ceignirent le baudrier militaire
à Amaury de Montfort, en 1213, » dit La Roque (page 277), qui cite
d'autres exemples, p. 279, 280, 282, 283, 298 et suiv. — Le même auteur
(p. 290) rapporte que le comte de Carise pour s'être révolté contre
Edouard II d'Angleterre, fut dégradé du *baudrier* militaire puis décapité :
Discinctus fuit balthéo militari.

Sur le *baudrier* fait d'un tissu de soie et destiné à supporter l'épée, le
chevalier faisait mettre ses armoiries. Michaud nous apprend que les
chevaliers croisés, au tournoi de Corbie, portaient une croix rouge sur
leurs *baudriers* et sur leurs cottes de mailles. (*Hist. des Cr.,* III, 96.)

Hubert, les seigneurs de Loury avaient pour armes : *D'or, à la fasce d'azur accompagnée de trois aiglettes ou alérions de gueules.*

En lisant ces deux descriptions, — et abstraction faite de la fasce d'azur, — on ne peut s'empêcher de reconnaître la parfaite similitude qui existe entre elles. L'absence même de la fasce dans le récit du poète et qu'on pourrait nous opposer, vient au contraire donner une nouvelle force à notre argumentation.

> Le blason *plein* échoit en partage à l'aîné,
> Tout autre doit *briser* comme il est ordonné.

dit le Père Ménestrier. — La dernière description est celle des *armes pleines* ou primogènes qui appartiennent exclusivement aux chefs de la branche aînée, *aux seigneurs de Loury.*

Notre poète, fils d'un puîné des seigneurs de Loury, ne donne que celle des *armes brisées.*

D'après les PP. Ménestrier et Anselme : « *brisé* se dit des armoiries des puînés et cadets d'une famille, où il y a quelque changement par addition, diminution, altération ou *suppression* de quelque pièce pour distinction des branches. »

Or, ici comme *brisure*, dont l'usage date précisément de cette époque (1), *on a supprimé la fasce d'azur*, pièce honorable du blason des sires de Loury.

(1) « Ce fut vers le règne de saint Louis, qui commença l'an 1226, que les brisures furent introduites pour distinguer les puînés des aînés, parce qu'auparavant l'aîné seul continuoit les armes de la famille et chaque puîné en portoit d'autres qui avoient quelquefois du rapport à l'écu de l'aîné au regard des émaux, et non pour la figure n'étoit qu'il y eut changement de métal, ou couleur ou des partitions, ou enfin augmentation ou retranchement de pièces. C'est pourquoi, avant l'usage des brisures, les fils puînés de France n'en portoient pas les armes lesquelles,

La *fasce* fut employée dès les premiers temps des armoiries. Alors, elle symbolisait l'*écharpe bleue*, don mystique et galant « de la douce amie » du chevalier qui s'en
parant, allait le cœur plein de liesse et de pensers d'amour,
jouter avec plus de vaillance aux passes d'armes.

Les trois aiglettes ou *alérions* de *gueules* rappellent les
croisades, ils sont représentés sans bec et sans pieds
pour marquer les blessures reçues dans ces voyages. Ils
sont mis ici en souvenir de Gillon Ier, sire de Loury, qui prit
la croix en 1095.

Pas n'est besoin, après une argumentation aussi con-
cluante, d'insister plus longtemps. Les liens de parenté qui
existent entre les seigneurs de Loury et l'auteur du *Roman
de la Rose* nous paraissent suffisamment établis.

Par ce qui précède, on voit de quelle utilité peut être la
connaissance du blason pour les études historiques. Cette
science si décriée par Boileau, Voltaire et tant d'autres auteurs, est une des parties les plus intéressantes de l'histoire.
Elle perpétue d'abord les souvenirs des faits illustres et des
actions d'éclat, des grandes dignités et des hautes fonctions
et offre dans ses couleurs et ses emblêmes une étude des
plus curieuses.

étoient réservées au roi seul à leur exclusion. — Et entre les premiers
puînés de France qui se sont servis de ces différences et qui ont fait
branche, est Robert de France, comte d'Artois et Charles d'Anjou, comte
d'Anjou puis roi de Sicile, frères de saint Louis, qui prirent des lam-
beaux de quatre pièces. » (La Roque, *Traité singulier du Blason*, p. 49.)

On lit dans la généalogie de la maison de Mailly que Gilles II, sire de
Mailly, qui accompagna saint Louis à la *voye de Thunes en 1270*, ordonna
par son testament que ses quatre fils, au lieu de se servir de *brisure* sur
l'écu pour se distinguer entre eux, porteraient pour armes héréditaires :
l'aîné, comme de coutume, *d'or à 3 maillets de sinople* ; le 2e, *d'or à
3 maillets de gueules* ; le 3e, *d'or à 3 maillets d'azur* ; et le 4e, *d'argent à
3 maillets de sable*. (Moréry, Duchesne, etc.)

Ces mêmes emblêmes figurés sur nos monuments, sur les anciens tombeaux, etc., viennent souvent en aide aux recherches historiques, archéologiques et généalogiques, soit pour fixer une date de fondation, de possession de ville ou de seigneurie, soit pour préciser l'origine des familles, les distinguer ou les rapprocher entre elles comme nous venons de le faire pour Guillaume de Lorris.

III

EN QUEL TEMPS VIVAIT GUILLAUME DE LORRIS ET EN QUELLE ANNÉE MOURUT-IL ?

Grosse et importante question qui, de prime abord, paraît n'être pas facile à résoudre par suite des commentaires des auteurs qui semblent l'avoir obscurcie comme à plaisir.

En fait, il s'agit de savoir en quelle année J. de Meung reprit la continuation du *Roman de la Rose*. Cette date trouvée, on pourra fixer à peu près l'époque de la mort de G. de Lorris, et celle où il cessa de s'occuper du roman, ainsi que le laisse à entendre une des meilleures et des plus anciennes leçons du *Roman de la Rose*, d'accord en cela avec un document du XIIIe siècle que nous allons bientôt produire.

Les commentateurs qui varient singulièrement sur ce thème, ont pris pour point de départ de leurs recherches, et nous ferons comme eux, les vers suivants déjà cités :

> Cy endroist trespassa Guillaume
> De Lorris, et n'en fist plus pseaulme
> Mais après plus de quarente ans
> Maistre Jehan de Meung ce rommans
> Parfist, ainsy comme je treuve :
> Et icy commence son œuvre.

Selon Moréry, la biographie Didot, etc., Jean de Meung, aurait repris le roman vers 1305, date en rapport avec le présent travail et que nous allons chercher à justifier.

D'après M. Raynouard, la biographie Michaud, etc.,

cette continuation, au contraire, aurait eu lieu en 1275. ou au moins avant 1280, parce que Jean de Meung, aux vers 6900 et suiv. parle de Charles d'Anjou, au temps présent (1) :

> Et de Mainfroy roi de Secille
> Qui par force tint et par guile
> Long-temps en paix toute la terre
> Quand le bon Charles lui meut guerre,
> Conte d'Anjou et de Provence
> Qui par divine Provéance
> *Est orés de Secille roy.*
>
> Le vaillant roy dont je te compte
> Que l'on souloit appeler comte
> Que nuys et jours et mains et soirs
> S'arme le corps et tous ses hoirs,
> Gard'Dieu et déffende et conseille,
> Cil dompta l'orgueil de Marseille
> Et print des plus grans de la ville
> Les testes ainsy que de Secille
> Lui fust le royaulme donné.
>
> Dont *il est huy* roy couronné
> Et vicaire de tout l'Empire.

Charles d'Anjou, élu roi de Naples et de Sicile en 1265, mourut en 1285. Ces vers, disent-ils furent donc écrits par Jean avant

(1) M. Paulin Paris (*Hist. litt. de la France*, t. XXIII), fait honneur de cette découverte à M. Raynouard. Bien avant cet historien, on avait argumenté sur ce fait. Nous lisons dans le tome Ier de la Bibliothèque Orléanaise de D. Gérou, qui cite le Pithæana et le Duchat, notes sur Rabelais : « M. Pithou pense que le roman fut commencé du temps de saint Louis, environ l'an 1230 et achevé en 1270 sous Philippe le Hardi. La preuve que ce scavant homme apporte de son sentiment est qu'il y est parlé de Charles d'Anjou et de ses victoires. On sçait que ce fut le 23 aoust 1268 que ce prince deffit Conradin de Suabe et Henri frère du roy d'Espagne. Néanmoins le sentiment contraire a prévalu. »

1282, année des Vêpres Siciliennes (1). Alors, déduisant de
ce millésime les 40 ans énoncés plus haut, ils en infèrent
que G. de Lorris serait mort à 26 ans, entre 1235 et 1240.

Et d'hypothèses en hypothèses, ils arrivent à faire naître
Clopinel en 1240, et à lui donner 35 ans lorsqu'il se mit à
continuer le *Roman de la Rose*, qu'ils considèrent comme
étant une œuvre de sa jeunesse, d'après ce passage de son
codicille :

> J'ay fait en ma jonesce *maints dits* par vanité
> Ou maintes gens se sont plusieurs fois délité.

Par les mots *maints dits*, Jean de Meung n'entendait certainement parler que de pièces fugitives, de peu d'éten-

---

(1) « C'est donc évidemment dans l'espace renfermé entre ces deux
dates que Jean termina son œuvre. Peut-être même oserait-on, dit M. P.
Paris, resserrer encore cet espace ; car les Vêpres Siciliennes étant du
mois de mars 1282, on pourrait croire que si le poète eut écrit après ce
lugubre événement, il eut au moins fait quelques vœux pour que Dieu
protecteur de Charles lui permit de tirer vengeance de ses sujets révoltés.
Quant à ce qu'il ajoute de Henri d'Espagne, condamné par Charles d'Anjou peu de temps avant la mort de Conradin, à une prison perpétuelle :

> Henry, frère du roy d'Espaigne
> Plain d'orguel et de traïson
> Fist-il morir en sa prison.

Il admet gratuitement l'opinion répandue bientôt après de la fin obscure de ce prince, mais l'infant ne mourut pas en prison, il survécut à
Charles et fut délivré après vingt ans de captivité, quand on le croyait
mort depuis longtemps. » Le dernier éditeur du *Roman*, citant M. Raynouard sur ce point, se
range à cette opinion et croit la question définitivement tranchée. C'est
aussi l'avis de M. Doinel : « M. Croissandeau a démontré *fort nettement*,
dans sa notice sur les deux auteurs du *Roman*, que l'opinion qui fait
naître Guillaume de Lorris vers 1235 et le fait mourir vers 1260 *est ra-
dicalement fausse.* » (V. 330.)

due (1). C'est errer grandement que d'y comprendre le *Ro-man de la Rose* qui comporte, dit-on, plus de 18,000 vers sortis de la plume féconde et satirique de cet auteur. Il est bien évident, dirons-nous avec Méon, que ces deux vers visaient des ouvrages de poésie légère qui ne sont pas venus jusqu'à nous et dont le poète n'a pas cru devoir faire mention dans la dédicace qu'il fit à Philippe le Bel de sa traduction de Boëce. S'il y a relaté le *Roman de la Rose* le premier, c'est parce qu'il le regardait comme le plus notable de ses ouvrages, les autres n'étant que des traductions.

On ne peut, d'ailleurs, considérer le *Roman de la Rose* en tout ou en partie, comme un *dit*, lorsqu'on voit d'abord, G. de Lorris lui donner le titre de *Roman* dès le début :

> Cy est le *Rommant* de la Rose
> Ou tout l'ars d'amour est enclose.

(1) Chéruel, Bescherelle, v° *dit*. ; — « Le *dit* ou *ditié* étoit une pièce de peu d'étendue qui contenoit un enseignement, une instruction, ou le récit d'un fait, c'est-à-dire, d'une belle ou d'une mauvaise action. » Ainsi s'exprime Barbazan dans la préface de son ouvrage sur les « Fabliaux et contes des poètes françois des XIIᵉ XIIIᵉ XIVᵉ et XVᵉ siècles, » où l'on voit le *diz de freire Denise, cordelier*, par Rutebeuf qui comprend 336 vers ; ceux des *Perdriz* 156 vers, du *Buffet* 260 vers ; celui des *Braies au Cor-delier* qui se compose de 354 vers commence ainsi :

> « Metre vueil m'entente et ma cure
> A faire un *dit* d'une aventure
> Qui avint à *Orliens* la cité
> Ce tesmoigne par vérité. »

Le *catalogus codicum Bernensium* mentionné plusieurs *dits* : celui du *Lion* comprend 1877 vers ; un *dit religieux* du XIVᵉ siècle, 1827 vers ; un autre sur la *Pucelle d'Orléans*, par Christine de Pisan 488 vers.

Nous pourrions facilement fournir d'autres exemples pris dans Méon, Legrand d'Aussy, etc. ; ceux que nous venons de produire nous paraissent suffisants pour faire connaître la nature et l'étendue de ces compositions qui atteignent rarement 2000 vers.

Et ensuite Clopinel :

> Mais après plus de quarente ans
> Maistre Jehan de Meung ce *rommans*
> Parfist. . . . .

Les deux auteurs déclarant que leur œuvre est un *Roman*, il n'y a pas d'autre titre à lui donner, et toute discussion, sur ce point, nous paraît close.

Cette simple remarque fait déjà entrevoir la défectuosité de ce système qui veut placer l'achèvement du *Roman* presqu'au début de la vie littéraire de J. de Meung. Nous ne nous en autoriserons pas cependant, parce que nous avons à citer des vers écrits par ce dernier qui, en venant corroborer ce que nous venons de dire, démontrent jusqu'à la dernière évidence, que l'opinion de M. Raynouard suivie par M. Michaud, M. P. Paris, etc., etc., est erronée.

Aux vers 19488 et suiv., Jean de Meung fait dire à *Nature* :

> Chevaliers aux armes hardys
> Preuz en faitz et courtoys en ditz
> Comme fut messire Gauvain,
> Qui ne fut paresseux ne vain ;
> Et le *comte d'Artoys Robers*
> *Qui dès lors qu'il yssit du bers*
> *Hanta tous les jours de sa vie*
> *Largesse, honneur, chevalerie :*
> *N'onc ne luy pleut oyseux séjours,*
> *Ains devint homs avant ses jours.*
> Tel chevalier preux et vaillant,
> Large, courtoys, bien bataillant,
> Doit partout estre bien venu,
> Loué, amé et chier tenu.....

Ce passage du *Roman* ne vise point le frère de saint Louis, Robert Ier, comte d'Artois, ainsi que le prétendent M. Raynouard et plusieurs auteurs. Ce prince né en 1216 (1) et fait chevalier en 1238, à l'âge de 22 ans (2), n'est guère connu dans l'histoire que par son caractère fougueux et par le désastre de Mansourah dont le résultat fut de faire avorter la 7e croisade.

Dans Moréry, la notice qui concerne ce prince se réduit à ces mots :

« Robert de France, tige des comtes d'Artois et d'Eu, étoit fils du roi Louis VIII et de Blanche de Castille. Il fut surnommé le *Bon* et le *Vaillant*. Il accompagna son frère saint Louis au voyage d'outre-mer et fut tué à la Massoure le 9 février, jour des Cendres 1250. »

Lecture faite de Mézeray, Daniel, Velly, etc., qui n'ajoutent rien à la sèche et brève mention de Moréry, nous nous demandons quels sont les exploits qui valurent à Robert Ier le surnom de *Vaillant*. Et comment on pourrait lui appliquer les vers de J. de Meung ?

Mais si, au contraire, on admet que c'est Robert II, dont il est question ici, l'histoire est d'accord avec le *Roman*, et chaque vers du poète trouve son explication sans longs commentaires.

Robert II, comte d'Artois, né en 1249-50, fut armé chevalier par saint Louis en 1267, à 17 ou 18 ans (3), au lieu de 21 ans, âge requis pour recevoir l'ordre de chevalerie. Ainsi se trouve expliqué le vers :

Ains devint homs avant ses jours

Ici, chaque mot a son importance. Dans la langue du moyen-âge, on ne devenait réellement *homs*, que lorsqu'on avait ceint le baudrier et le droit de porter lance, haubert

(1) *Il Blasone della Schiatta de Capetingi* etc., par Goffredo de Crollalanza. Pisa. 1876.
(2) Velly, IV, 207. — Daniel, IV, 55.
(3) Velly, VI, 18. — H. Martin, IV, 326, note, etc.

et éperons d'or ; alors, mais alors seulement, on pouvait prendre part aux tournois et aux fêtes chevaleresques d'où étaient exclus ceux qui n'avaient pas reçu l'ordre de chevalerie (1).

Faisons un peu d'érudition pour chercher à élucider ce point extrêmement important qui doit démontrer que Clopinel a repris le *Roman*, non pas en 1275 ou 1280, mais après 1302.

Sainte-Palaye (1-61) d'après Laurière (Ordonn. des rois de France), dit que nos anciennes lois fixèrent à *21 ans*, la majorité des nobles aussi bien que l'obligation d'accepter le duel et l'*admission à la chevalerie*.

Un chapitre des Établissements de saint Louis dispose que la femme noble après la mort de son mari, aura la garde de son enfant mâle, encore mineur, jusqu'à ce qu'il soit parvenu à l'âge de *20 ans*.

L'article XXXII de la coutume de Paris porte que tout homme tenant fief est tenu et réputé âgé à *20 ans* accomplis, quant à la foi et hommage et charges de fiefs.

Ce que confirme le P. Daniel, qui nous apprend qu'en exécution du testament du roi son père, saint Louis donnait à ses frères, *dès que l'âge de 21 ans les en rendait capables*, les biens qui leur étaient destinés. En 1238, il fit chevalier, à Compiègne, Robert son frère, *âgé alors de 22 ans* et en même temps l'investit du comté d'Artois. — En 1241, il fit aussi chevalier, Alfonse son troisième frère, *âgé de 21 ans* ; et, quelques jours après, le mit en possession des comtés de Poitou et d'Auvergne. — Charles d'Anjou fut

----

(1) V. dans Sainte-Palaye, *l'Enciclopedia Araldico-Cavalleresca* etc., les prérogatives et privilèges qui étaient attachés à la qualité de chelier.

« On ne naissait pas chevalier, dit M. H. Wallon, on le devenait quand on avait atteint *l'âge d'homme* (21 ans) à la suite de cérémonies moitié religieuses, moitié militaires. » *(Saint Louis*, etc. II, 116.)

armé chevalier en 1246, âgé de 26 ans et Philippe III, dit le *Hardi*, le fut à 23 ans (1).

Si saint Louis se conforma à ces prescriptions pour *ses trois frères et pour son fils*, il y fit cependant exception en faveur du jeune Bohémond, prince d'Antioche, *qui n'avoit point encores plus haut de seze ans*, au rapport de Joinville ; et de Robert II, d'Artois, *âgé de 17 ou 18 ans*, qu'il jugea dignes par leur mérite de recevoir l'ordre de chevalerie avant l'époque fixée ; les trouvant « *vieux et mûrs en cela* », phrase usitée par nos chroniqueurs en semblable circonstance (2) et qui se rapproche singulièrement du vers :

> Ains devint homs avant ses jours

Jean de Meung était un érudit, connaissant parfaitement les hommes et les choses. Pour lui, — et pour tous nos vieux auteurs, — un noble qui n'était pas encore *chevalier*, n'était pas *homme* dans le sens qu'on attachait à ce mot à cette époque ; c'est-à-dire qu'il n'était pas encore parvenu à l'âge fixé pour recevoir l'ordre de chevalerie et posséder fiefs.

C'est ainsi qu'il est interprété dans les Établissements de saint Louis, par plusieurs de nos historiens. M. Raynouard dans son ouvrage : *Choix des Poésies originales des Troubadours*, n'hésite pas à traduire le mot *homs* par celui de *chevalier* (II, p. 21) ;

> Nulhs *homs* no sap d'amie tro l'a perdut

« Nul *chevalier* ne peut répondre dignement aux sentiments que l'amour inspire. »

Ces citations nous autorisent donc à dire que le vers :

> Ains devint homs avant ses jours

(1) Daniel, Velly, Laroque, etc.
(2) Velly, IV, 7, citant Brantôme.

doit être ainsi compris : Robert d'Artois *devint chevalier avant l'âge requis, 21 ans*, et s'appliquer à Robert II, armé chevalier à 17 ou 18 ans.

C'est faire erreur que de traduire ce même vers par *fut homme avant la puberté* et de prétendre qu'il vise Robert Ier (armé chevalier à 22 ans) (1).

M. P. Paris, tout en adoptant comme nous Robert II, interprète mal les vers du poète dans les lignes suivantes :

« Robert d'Artois, second du nom, fut tué le 10 juillet 1302, à la bataille de Courtrai, et une mauvaise interprétation de ce passage avait fait croire que Jean de Meung avait achevé le *Roman* après cette date. Mais au soin qu'il prend de parler de la première enfance du prince, à ce qu'il ajoute « qu'il devint homme devant ses jours, » c'est-à-dire *avant l'âge ordinaire de la virilité*, il fallait p'utôt conjecturer que J. de Meung s'exprimait ainsi quand Robert était encore assez jeune, c'est-à-dire de 1265 à 1270 ; et cette indication fortifie ce qu'on a déjà dit du temps où l'ouvrage put être composé. »

Aux arguments que nous venons d'exposer, ajoutons simplement pour répondre à ce raisonnement que J. de Meung parle du comte d'Artois, comme d'un personnage qui *n'existe*

---

(1) M. Croissandeau traduit : Ains devint homs avant ses jours
par :   Fut homme avant la puberté.
et dit en note (45) : « Robert II, comte d'Artois, surnommé le *Bon* et le *Noble*, fut fait chevalier par le roi saint Louis ; il mourut à la bataille de Courtrai, percé de trente coups de piques, l'an 1302. (Lantin de Dameray.) »

« Nous ne reproduisons cette note, ajoute-t-il, que pour signaler une erreur du savant commentateur. Il s'agit ici de Robert Ier, dit le Vaillant, frère de saint Louis, tué à la bataille de Mansourah en 1250. »

Lantin de Dameray est dans le vrai en disant que ces vers concernent Robert II ; c'est au contraire M. Croissandeau qui commet une erreur.

plus et qu'il propose en exemple avec Gauvain, un des héros de la Table-Ronde :

> Chevaliers as armes hardys
> Preus en faiz et cortois en dis
> *Si cum fu* mi sires Gauvains
> Qui ne fu pas pareus as vains
> Et li bons quens d'Artois Robers.

vers qu'on traduit ainsi :

> Et tel, en un mot, qu'*autrefois*
> Fut messire Gauvain modèle
> Du chevalier brave et fidèle
> Ou le comte d'Artois Robers (Vers 19651 et s. Ed. Croiss.).

On ne donne donc pas, comme le prétend M. P. Paris, « une mauvaise interprétation de ce passage, » mais, au concontraire on est tout à fait dans le vrai, lorsqu'on dit que J. de Meung n'a repris la continuation du *Roman de la Rose*, qu'*après 1302*, année de la bataille de Courtrai où fut tué le comte Robert II d'Artois.

Complétons la Notice biographique de ce prince.

Robert II se croisa en 1270, assista au sacre de Philippe III, où il tint l'épée *joyeuse* (de Charlemagne) « laquelle doist estre baillée au plus loyal et plus prud'homme du royaume, » et prit une part très-active aux affaires de son temps. — En 1276, le comte d'Artois commanda l'expédition de Navarre, puis alla en Italie gouverner le royaume de Naples pendant la captivité de Charles II. — Philippe le Bel le mit à la tête de l'expédition d'Aquitaine (1296) et quelque temps après lui conféra la pairie.

Robert suivit le roi à la guerre de Flandres, y commanda un corps d'armée et gagna la bataille de Furnes (1297). Il revint assister aux Etats-Généraux et prit parti pour le roi contre le pape Boniface VIII (1302).

La même année, il fut mis à la tête d'une nombreuse armée destinée à soumettre la Flandre et livra la bataille de Courtrai. « Le troisième jour après la bataille, on recueillit, dit la *Chronique de Saint-Denis*, le corps du très-noble comte d'Artois, dénué de vêtures (1). »

Ces quelques lignes qui résument la vie active et occupée de Robert, justifient pleinement le vers de J. de Meung :

Onc ne luy pleut oyseux séjours

On dit, et nous sommes de cet avis, que J. de Meung continua le *Roman de la Rose* sur l'ordre de Philippe le Bel auprès de qui il était en grande considération (2). Il ne serait

---

(1) H. Martin, IV, p. 357, 379, 408, 414, 416, 431 et s. — Daniel, Velly, Moréry, etc.

(2) Papyre Masson (1544-1611) écrit que J. de Meung acheva le *Roman de la Rose* sur les instances de Philippe le Bel : « Joannes Meunius poeta hoc rege vixit. Hic est ille Meunius qui Gallicum poema cui Rosæ nomen, divi Ludovici temporibus à Willelmo Lorriaco inchoatum absolvit. Meunius idem Boetii libros de Consolatione in Gallicam linguam convertit... Præfatur eam ab se factam Philippi mandato, quo impulsore Rosam poema absolverit... in Gallicum sermonem converterit. » — Fauchet, La Croix du Maine et du Verdier Vaupryvas parlent de la traduction de Boëce restée inédite comme ayant été bien accueillie par Philippe : « Nemo fuit in omni genere sapientiæ Boethio nostro per Philippum Pulchrum Francorum regem constat tanti hos libros fecisse, ut quamvis ipse latine intelligeret, tamen pro beneficio habuerit quòd ipsi Johannes Magdunensis poeta, ut tunc ferebant tempora eruditus, Galliæ a se redditos inscripsisset : adversaturque ejus operis exemplar adhuc hodie Lutetiæ bibliotheca Augustiniarum. »

En tête de cette traduction qui, d'après Rigoley de Juvigny, aurait été imprimée en 1494, chez A. Vérard, se lit la dédicace suivante : « A ta Royale Majesté, très noble Prince, par la grâce de Dieu roy des François, Philippe le Quart, je, Jehan de Meung, qui jadis au *Roman de la Rose*, puisque jalousies ont mis en prison Bel-Accueil, enseigné la manière du chastel prendre et de la rose cueillir, et translaté de latin en françois le livre de Végèce de chevalerie et le livre des Merveilles de Hirlande

pas surprenant alors que dans cet ouvrage, il ait cherché à servir les vues politiques du roi « l'homme qui contribua le plus à la ruine de la société du moyen âge en France (1) », et de croire que Jean de Meung « le poète favori du roi (2) » a voulu faire chose agréable à son souverain en consacrant plusieurs vers à la mémoire du comte d'Artois, le fidèle feudataire de Philippe le Bel.

Le comte d'Artois étant mort en 1302, Clopinel n'a pu reprendre la continuation de l'œuvre de Guillaume de Lorris qu'en 1303-4 pour finir en 1306-7, date extrême (3), parce

et le livre des Epistres de Pierre Abeillard et Helois sa femme, et le livre d'Aelred, de spirituelle amitié ; envoye ores Boëce de Consolation que j'ai translaté en françois jaçoit ce qu'entendes bien latin. »

Michelet s'est autorisé de cette dédicace pour écrire ce qui suit :

« Philippe (le Bel) s'est fait traduire la *Consolation de Boëce,* les livres de Végèce sur l'art militaire et les lettres d'Abeilard et d'Héloïse. » En note : « C'est l'auteur du *Roman de la Rose,* Jean de Meung qui lui avait traduit ce livre. » « Jean de Meung reprit, dit-on, le *Roman de la Rose, cet insipide ouvrage,* par ordre de Philippe le Bel. » (*Hist. de Fr.* III, 209-214.)

Ce roi né vers 1269, parvint à la couronne en 1285 et mourut en 1314.

(1) H. Martin, IV, 369.

(2) *Ibid.,* IV, 390, note 1re.

(3) Ces lignes étaient écrites lorsque M. Quicherat publia dans la bibliothèque de l'école des Chartes (Tome XLI), l'opuscule : « *Jean de Meung et sa maison à Paris,* » dans lequel il produit une donation de 1499, où il est dit que notre poète avait cessé de vivre au mois de novembre 1305.

« Ce terme, dit M. Quicherat, que personne n'avait encore soupçonné, obligera de reculer un peu plus dans le XIIIe siècle la carrière du poète. Au lieu de placer la continuation du *Roman de la Rose,* qui en fut le début, vers l'an 1280, on fera mieux de la mettre aux environs de 1270. Les éléments chronologiques d'où l'on a déduit la date de 1280, qui sont le supplice de Conradin et la pleine possession du royaume de Naples par Charles d'Anjou, se prêtent aussi bien à la date de 1270. »

Les vers qui font mention de Charles d'Anjou ont été composés par G.

qu'il cite les chevaliers du Temple comme étant un ordre
où l'on pouvait faire son salut.

> S'il entroit, selon le comment
> De l'escripture, en abbaye
> Qui fust de propre bien garnye,
> Comme sont ores ces blancs moynes,
> Ces noirs et ces riglez chanoynes,
> Ceulx de l'Ospital, ceulx du Temple
> Car j'en puis bien causer exemple...

Les bruits qui circulaient sur la dissolution et la débauche
qui régnaient parmi ces chevaliers n'étaient pas chose nouvelle. Depuis longtemps cette accusation était portée. Jean
de Meung tout en en ayant connaissance, pouvait encore
citer l'ordre du Temple même à la veille de l'arrestation du
grand maître Jacques Molay et des principaux dignitaires
qui, comme on sait, eut lieu le 13 octobre 1307.

C'est donc entre ces deux dates, 1303 et 1307, que le *Roman de la Rose* a été repris et terminé. Soit trois ou quatre
ans que le poète a consacrés à la composition des 18,000
vers qui lui sont attribués. —C'est le temps nécessaire pour
exécuter un semblable travail qui nous paraît rentrer dans
les limites du possible. Guillaume Guiart, poète orléanais,
contemporain de Jean de Meung, ne mit que deux ans
(1304-1306), dit-on, pour composer *la Branche aux royaux
Lignages*, qu'il dédia à Philippe le Bel, et qui ne comporte
pas moins de 26,600 et quelques vers. Cet *ouvrage historique* demandait certainement plus de temps pour la com-

de Lorris et non par J. de Meung. La date de 1270 qu'on donne comme
étant celle de la continuation du *Roman* est inadmissible au premier chef,
puisque Guillaume vivait encore en 1267-8. D'ailleurs les lignes ci-dessus
ne font que reproduire la version de M. Raynouard et de la biog. Michaud. Passons outre et ne voyons que le fait du décès de J. de Meung
rapporté par l'acte de 1499, qui vient confirmer les dates données par
nous d'après une étude critique des textes.

position et la versification que celui qui nous occupe où le poète donnait libre cours à son imagination.

Il en est tout autrement si on se range au sentiment de ceux qui considèrent le *Roman de la Rose*, comme étant un *dit* composé dans la jeunesse du poète. Ce n'est plus le laps de temps que nous fixons qui aurait été consacré à ce travail, mais bien une longue période d'années.

En effet, si, sous le millésime de 1303, on place ceux de 1280 ou 1275 fixés par eux comme étant l'époque de la continuation par J. de Meung, la soustraction donne 23 ou 28 ans que le poète aurait consacrés à cette composition. — Ce résultat se passe de tous commentaires ; il démontre suffisamment le vice de ce système, adopté si facilement, trop facilement même, puisqu'il ne soutient pas une opération arithmétique.

Tout se concilie, les textes et les dates, lorsqu'on examine bien les choses, et au lieu de vouloir que G. de Lorris soit mort avant 1265, on aurait été plus près de la vérité en lui attribuant les vers où il est question de Charles d'Anjou — Si, de 1303, année fixée par nous comme étant celle de la reprise du *Roman*, par J. de Meung, on déduit les quarante ans annoncés par lui, — et supposés exacts, — on arrive à celle de 1264-65 qui vit Charles d'Anjou investi du royaume de Naples et de Sicile, et, sans grand effort, à 1268, date de la bataille de Tagliocozzo, où ce prince défit Conradin, Frédéric d'Autriche et Henri d'Espagne. Et tout est en concordance : histoire, roman et chronologie,

Du reste, il ne nous paraît pas bien prouvé que J. de Meung par le mot *trespassa* qu'il emploie dans ces vers :

> Cy endroist *trespassa* Guillaume
> De Loris, et n'en fist plus pseaulme :
> Mais après plus de quarente ans
> Maistre Jehan de Meung ce rommans
> Parfist. . . . .

ait voulu dire, ainsi que l'écrivent tous les biographes, que

Guillaume *était mort*. Nous ne le comprenons pas ainsi.
Cy endroist trespassa, nous semble plutôt signifier que
Guillaume *cessa en cet endroist du manuscrit,* de continuer
son œuvre. Et en cela, nous nous trouvons être d'accord
avec *une des meilleures leçons et des plus anciennes* du *Roman* qui porte, dit M. P. Paris, la rubrique suivante :

« Ci endroit fine maistre Guillaume de Lorriz cest *Roumans, que plus n'en fist pour ce* QU'IL NE VOLT, *ou pour ce
qu'il ne pot.* Et pour ce que la matire embelissoit à plusors,
il plot à maistre Jehan Chopine de Meun à parfaire le
livre et à ensivre la matire. Et comence ente la manière (1). »

Le continuateur ne le prend-il pas lui-même dans ce sens,
lorsqu'il nous représente à plusieurs reprises Guillaume
comme étant encore vivant ?

> Voyez Guillaume de Loris
> A qui Jalousie se contraire
> Fait tant d'angoisse et de mal traire
> *Qu'il est en péril de morir.*
>
> . . . .
> . . . . . Cy je prie et clame
> Que ce las douloureux Guillaume
> Qui si bien s'est vers moy porté
> *Soit secouru et conforté* . . .

Il est vrai que plus loin on lit ces vers :

> Car quant Guillaume cessera
> Jehan si le recommencera
> Après sa mort que je ne mente
> Au *trespassé* plus de quarente

qui, à première vue, paraissent contraires à notre argumentation. Mais il n'en est rien, et malgré son affirmation
que je ne mente, Jean de Meung n'était pas plus renseigné

(1) *Hist. litt. de la France,* vol. XXIII, d'après ms. 6988.

sur l'époque de la mort que sur le lieu de la naissance de Guillaume. Il a fait erreur sur ce point ainsi que nous allons bientôt le prouver. S'il a repris le *Roman* au vers 4,150, c'est parce que ce passage lui a paru plus convenable pour continuer l'œuvre de G. de Lorris qui, en cet endroit, craint d'avoir perdu la bienveillance et l'amour de sa mie et est en complète désespérance ;

> Si je perds vostre bienveillance
> Jamais n'auray ailleurs fiance
> Et si je l'ay perdue, j'espoir
> A peu que je ne m'en desespoir

Clopinel ne pouvait choisir plus à propos. Bien inspiré, il reprend ce passage en ces termes :

> Desespérer las non feray,
> Je ne me desespereray ;
> S'espérance n'estoit faillant,
> Je ne seroye pas vaillant,
> En luy me dois reconforter.

Et, c'est sur ce thème qu'il brode les vers qui lui reviennent, dans lesquels il en fait entrer plusieurs composés par G. de Lorris. En voici la preuve :

Le fragment suivant qui termine la partie attribuée à G. de Lorris :

> Moult durement suis esmayez
> Que entr'oublié ne m'ayez ;
> Si en ay deuil et desconfort ;
> Jamais n'est riens qui me confort
> Se je perds vostre bienveillance
> Car je n'ay plus ailleurs fiance ;
> Et si l'ay-je perdu, j'espoir
> A peu que je ne m'en despoir

se trouve reproduit en entier par J. de Meung aux vers 11,028 et suivants.

Par contre, on en lit d'autres au commencement de l'œuvre de Clopinel qui n'ont pu être composés qu'*après 1300* :

> Aus autres biens qui sont *forains*
> N'as-tu pas vaillant deux lorrains (vers 5554-55)

puisque le *premier lorrain ne fut frappé qu'en 1298.*

Ces deux vers ont été diversement interprétés. Au *Glossaire* de l'édition Didot, on lit à propos du mot *lorrain* : « Si c'est une monnaie, elle ne pouvait point alors être appelée *vieille* puisque le premier denier ne fut frappé qu'en 1298 sous Frédéric III. J'aimerais mieux lire *douzains.* »

Forains ne veut pas dire *vieille*. Ce mot, d'après Roquefort, Chéruel, etc., se prenait dans le sens d'*étranger ;* — ensuite pourquoi vouloir subsistuer au mot *lorrain* celui de *douzain ?* — Il nous semble que le texte n'a guère besoin d'être commenté, le sens est assez facile à comprendre : *De ces biens qui sont étrangers tu n'as pas vaillant deux lorrains, deux deniers.* Cette locution *n'avoir pas un sou vaillant,* c'est-à-dire ne posséder rien, être tout à fait sans argent, est restée dans la langue.

M. Fr. Michel qui donne la leçon :

> As autres biens qui sunt *forain*
> N'as-tu vaillant un vies *lorain* (1)

(1) On lit dans le *Glossaire* de Roquefort, vᵒ *lorain* : « Dans quelques mss. du *Roman de la Rose,* il y a :

> « Trop as meilor chose plus chiere
> Tos les biens que dedens tos sens,
> Dont tu es certain congnoissans,
> Qui te demorent sanz cesser ;
> Si que ne te puissent lesser.
> Por fere a aultre ou tel guise
> As autres biens qui sout *forains*
> N'as-tu pas vaillant deux *florins* »

Dans l'une comme dans l'autre leçon, on voit que c'est d'argent qu'il

traduit *lorrain* par *vieille courroie!* — Cet auteur s'est évidemment trompé sur le sens qu'il devait donner au mot *lorrain* qui, croyons-nous, ne figure qu'en ce seul endroit dans le *Roman*, tandis que celui de *courroie*, qu'on veut y substituer si gratuitement, est reproduit plusieurs fois. — Au vers 3,150 *corroye* signifie *ceinture*; même sens aux vers 5,165-66 :

> Tous jours vault mieux amis en voye
> Que ne font deniers en *courroye*

C'est-à-dire en *bourse* ou *aumônière* attachée à la ceinture de cuir qu'on portait au XIIIe siècle, ainsi que nous l'apprennent, d'abord ce passage du *Roman de la Rose :*

> En mi le pis ung en remet,
> Et deli ceindre s'entremet,
> Mes c'est d'ung si très-riche *ceint*,
> C'onques pucele tel ne ceint ;
> Et pent au *ceint* une *aumosnière*
> Qui moult est precieuse et chiere : (vers 21764, et suiv.,
> édit. Croiss.)

et ces deux vers du fabliau : *le Jeu du Berger et de la Bergère*, rapporté par Legrand d'Aussy (I, 348-360.)

> Robins m'acheta *corroie* (ceinture)
> Et aumosnière de soie.

De l'examen qui précède, on doit donc conclure que Guillaume de Lorris est bien l'auteur des vers qui font mention

s'agit. Alors la traduction des deux vers par ceux-ci :

> *Tout autre bien extérieur*
> *D'un vieux sanglon n'a la valeur*

du dernier éditeur du *Roman* (II, 83), ne nous parait pas être en rapport avec le texte.

de Charles d'Anjou, de Conradin et de Henri d'Espagne (1).
Et ainsi se trouve expliquée l'erreur commise par le poète,
lorsqu'il dit que Charles fit mourir ce dernier prince en
prison :

> Henri frère du roy d'Espaigne
> Plain d'orguel et de traïson
> Fist-il morir en sa prison

car il écrit au moment même de l'événement, tout moyen
de contrôle lui manque, et fidèle écho des bruits populaires,
il admet gratuitement l'opinion répandue bientôt après de
la fin obscure de ce prince (2).

(1) Ce que nous disons explique la remarque incomplète de l'annotateur de l'édition Didot, mis en éveil par les vers 11094 et s..où l'*Amour* annonce la naissance de J. de Meung et prédit qu'il continuera le *Roman*. « Par tout ce discours et par la prophétie qui vient après, il paraîtrait que J. de Meung ne commença le *Roman* qu'au vers 10134, quoique nous ayons dit dans la préface, que G. de Lorris n'en a fait que les 4149 premiers vers. Ce qui me pourrait faire croire que Guillaume a été plus loin que je n'ai dit dans la préface, est le 7098e vers, où l'on voit que Charles d'Anjou, vainqueur de Mainfroy et de Conradin, était encore vivant au temps que l'auteur était au 8e millier des vers de son *Roman*. Or, Charles d'Anjou dompta Marseille en 1262 et mourut en 1265 (lisez 1285). Ainsi Guillaume aurait avancé le *Roman* plus que je n'ai dit d'abord. »

(2) Henri, fils de Ferdinand III, que Guillaume de Nangis représente comme un prince puissant dans l'art militaire, mais fourbe, pervers, sans religion et tramant sans cesse des intrigues, fut obligé de quitter la Castille où il avait combattu sans succès pour détrôner son frère Alfonse, roi de Castille. Il se réfugia d'abord à Tunis, puis auprès de Charles d'Anjou, son parent, qui le combla de bienfaits et lui fit obtenir le titre de sénateur romain, ce qui n'empêcha pas le prince Castillan de se joindre aux ennemis de Charles et de combattre dans l'armée de Conradin. — Arrêté au mont Cassin et conduit au vainqueur, il fut condamné à mort en même temps que Conradin et Frédéric d'Autriche.

Henri « ne fu pas decolez pour ce que le roy l'avoit promis à l'abbé du

Mais il ne saurait en être de même si on veut avec MM. Raynouard et P. Paris que ces vers aient été composés par J. de Meung vers 1276 ou 1280 ; on ne peut plus alors croire à l'ignorance de ce dernier sur le sort qui fut réservé au prince espagnol, surtout lorsqu'on sait qu'il pouvait être renseigné exactement sur ce fait par plusieurs chevaliers de l'Orléanais et de l'Ile-de France, qui se *croisèrent* à la suite du comte d'Anjou pour la conquête du royaume de Naples et de Sicile.

Au surplus, tout doute va disparaître sur cette importante question de critique historique par suite de la découverte d'un document faite récemment par nous aux archives départementales du Loiret, qui vient nous renseigner sur l'époque où mourut Guillaume de Lorris.

Des lettres patentes en forme de mandement de Charles VI, datées de l'an 1384, nous apprennent qu'une rente annuelle de dix livres tournois (900 fr. environ au cours actuel), avait été léguée à Guillaume de Lorris, par Alfonse comte de Poitiers.

Voici le texte de ce document :

« Charles, par la grâce de Dieu, roy de France. A tous ceulx que ces présentes lettres verront, salut. Comme dès l'an de grâce mil deux cens soixante-quinze, pour acomplir l'ordonnance et derrenière voulenté de feu Alfons jadiz conte de Poictiers et de Thoulouse, lequel avoit par son testament (1) ordené certaine rente estre distribuée et assignée

mont Cassin ; et fu mis en une cage de fer une chaenne à son col, et fu menez par toute les citez du païs et montrez au pueple, » puis enfermé dans une place forte de la Pouille, d'où il ne sortit qu'en 1286, après dix-huit ans de captivité, pour aller pendant dix autres années troubler la Castille où il mourut comme il avait vécu. (Moréry, Mézeray, Velly, etc.)

(1) Le testament du comte Alfonse est daté d'Aymargues, près Aigues-Mortes de l'an 1270, au moment d'entreprendre le voyage d'Outre-Mer d'où on ne revenait pas toujours ; il contient suivant la coutume de

par ses éxécuteurs à aucuns de ses serviteurs ou à leurs
hoirs. Iceulx éxécuteurs eussent baillié et assigné aux hoirs
de feu Guillaume de Lorriz, jadiz serviteur dudit conte, dix
livres tournois de rente annuelle et aux hoirs feu Estienne de
Auxi, jadiz son serviteur, semblablement dix livres tournois
de rente annuelle selon ce que ou testament dudit feu conte
estoit plus a plain contenu. Après laquelle assiète ou assi-
gnacion bonne mémoire le Roy Phillippe, nostre prédécesseur
qui lors régnoit, eust pour le salut et remède de l'âme dudit conte son oncle, voulu et mandé par ses lettres en cire
vert et las de soye, que quiconques dilec en avant seroit prevost de Lorris, il paiast ausdiz hoirs lesdictes vint livres
tournoiz de rente annuelle, lesquelles vint livres de rente
vindrent et escheirent par succession a feu Vilain Dalemant
et après sa mort sont escheues à Erart Dalemant son filz et
héritier, qui à ce tiltre en a esté et est saisi et vestu et en
bonne possession et saisine (1)...... »

Est-il nécessaire pour répondre à une objection que nous
prévoyons, d'établir que Guillaume de Lorris, le serviteur (2) du comte de Poitiers, est le même que le poète orléanais.

ce temps là, de nombreux legs en faveur d'églises et de couvents ; le
comte exerce aussi sa libéralité envers ses officiers et ses domestiques.
(Velly, VI, 280; D. Vaissette, III, 523 et s.).

(1) V. *Appendice* III le *fac simile* de ce document.

(2) « Le mot domestique est dérivé du latin *domus*, maison, et a toujours indiqué des familiers ou des serviteurs. De là, vint l'usage d'une
domesticité noble que nous retrouvons sous la troisième race, et jusqu'à
une époque assez récente. Des nobles remplissaient les fonctions de pages,
varlets, écuyers, et, bien loin de déroger, se préparaient ainsi aux hon-
neurs de la chevalerie. Les services domestiques confiés aux chambel-
lans, chevaliers d'honneur, dames d'honneur, écuyers tranchants, échan-
sons, panetiers, etc., étaient remplis jusqu'aux derniers temps de la mo-
narchie par des personnages de naissance illustre, donner la chemise

Tout vient le démontrer.

Poitiers est célèbre dans les fastes littéraires du Midi. Un de ses comtes, Guillaume IX, mort en 1122 « valeureux et courtois chevalier, mais grand trompeur de dames, qui sut bien trouver et chanter, » est le premier troubadour connu. Lui et les comtes de Poitiers ses successeurs, favorisèrent de tout temps les poètes méridionaux. (Millot, 1-17-51.)

Le frère de saint Louis, le riche et puissant comte Alfonse qui, depuis quelques années, était investi du comté de Poitou, de ceux d'Auvergne, de Toulouse et de nombreux domaines dans le Midi, tenait à Poitiers une cour aussi brillante que celles des rois. On y voyait des connétables, des chanceliers, des chevaliers, des écuyers, des chapelains et des compagnies d'arbalétriers et de sergents (1). — Les poètes et les jongleurs s'y trouvaient également en grand

ou le bougeoir au roi était un insigne honneur » (Chéruel.)

« Les valets d'un grand seigneur, ses officiers principaux s'appelaient sergents ou servants, en latin *serviens*, d'où servants d'armes, servants d'amour » (Legrand d'Aussy, II, 14.)

V. en outre Sainte-Palaye, Joinville, Villehardouin, l'Encyclopedia Cavalleresca, etc.

(1) Velly, VI, 280. — D. Vaissette, III, 523, 525 et s. — M. Boutaric représente Alfonse comme un des princes les plus cosmopolites du temps. De 1251 à 1270, on voit le comte de Poitiers voyager avec toute sa maison aux environs de Paris, à Vincennes, à Josaphat près de Chartres, à Lhopital près de Corbeil, à Longpont, à Rampillon, à Fontainebleau, à Paris. Bref, partout ailleurs que dans le Midi où il ne se sentait pas à l'aise. Cela se comprend, car dans ces provinces le souvenir des cruautés de Simon de Montfort et de ses soldats était encore présent à la mémoire de tous, et Alfonse n'ignorait point que les Provençaux et les Marseillais s'étaient montrés joyeux de la captivité de saint Louis et de Charles d'Anjou, qu'ils avaient même chanté des *Te Deum* et remercié Dieu de les avoir délivrés du gouvernement des *Sires*. (Aug. Thierry, *Lett. sur l'Histoire de France*, 10ᵉ édit., p. 32.)

nombre, car ils étaient bien reçus du prince qui aimait à répandre sur eux ses bienfaits (1). Nous croyons que, comme ses frères Charles et Robert, Alfonse se livrait, à ses loisirs, aux charmes de la poésie.

En 1245, Guillaume de Lorris est cité parmi les *familiers* d'Alfonse; il devait être alors âgé de trente ans environ et être un des chevaliers qui faisaient partie de l'hôtel du comte. A cette date, il figure sur un état de dépenses consacrées aux robes données aux serviteurs et gens de service pour le terme de l'Ascension (2) ; on ne donnait pas de vêtements,

(1) « Alfonse ne parait pas avoir été ennemi des lettres, un de ses ménestrels de la langue d'oil, rompant avec la poésie, rédigea pour lui, d'après les originaux, une chronique française qui a servi de modèle aux chroniques de Saint-Denis (Boutaric, p. 96). Il fut le bienfaiteur de Rutebeuf et de l'auteur du fabliau *Charlot le Juif*, Guillaume le Panetier qui était à son service (Barbazan, I, 146.)

Joinville a cité des traits de générosité de ce prince, qu'on pourrait, dit M. Wallon, trouver un peu prodigue.

« En ce temps que le roi étoit à Acre, les frères du roi se prirent à jouer aux dés et le comte de Poitiers jouoit si courtoisement que quand il avoit gagné, il faisoit ouvrir la salle et faisoit appeler les gentilshommes et les dames, s'il y en avoit, et donnoit à poignées ses propres deniers comme il faisoit de ceux qu'il avoit gagnés. Et quand il avoit perdu, il achetoit par estimation les deniers de ceux avec qui il avoit joué, de son frère, le comte d'Anjou et des autres ; et il donnoit tout, et son bien et celui d'autrui. » (Wallon, 1-404.)

(2) Robbe familie domini comitis : — Henricus de Casulio, 40 s. ; Herveus de Castellano, *idem*; Meingui ; *G. de Lorris,* Motetus ; Matheus Clericus ; Hescelinus ; P. de Chalençon ; Johannes, Vice Comes, 50 s. » (Boutaric, 338, note).

« Une galanterie d'usage chez les rois et les princes était alors de faire dans certains temps de l'année, à Pâques et à Noël surtout, des présents de robes, de manteaux et d'habits aux personnes attachées à leur service et aux seigneurs qui composaient leur cour. Les habillements qu'on *livrait* à ces époques s'appelaient *livrées,* nom qui s'est conservé pour ceux que les gens de qualité font porter à leurs valets. C'est ce qu'on

mais une somme qui variait suivant l'importance des fonctions et destinée à l'achat de *robes*. Guillaume de Lorris est du nombre de ceux qui reçoivent 50 sous, c'est-à-dire des mieux traités.

Or, si nous reconnaissons avec M. Boutaric, qu'Alfonse prenait les officiers de son hôtel parmi les nobles étrangers aux provinces qui lui étaient soumises (1), et qu'à l'appui de cette assertion, nous citions parmi ces officiers les noms suivants : maître Guill. de *Vaugrigneuse*, sous-doyen de l'église de Chartres ; *Monseigneur* Pierre de *Villebéon*, dit le *Chambellan*, dont la famille possédait Aschères et Rougemont, baronnies de l'Orléanais, tous les deux désignés par le comte Alfonse pour être ses exécuteurs testamentaires ; Etienne d'*Auxi*, Henri d'*Orléans*, légataires dans le testament, le premier pour dix livres tournois de rente et le second, pour quarante livres tournois ; Guillaume de *Montleart*, tous les trois Orléanais ; Simon de *Coutes*, Jean de *Sours*, Girard de *Prunay*, Guillaume de *Vaugrigneuse*, chevaliers chartrains, etc. ; on sera bien disposé à croire que notre poète, *Guillaume de Lorris*, est le même que celui qui figure en 1245, parmi les serviteurs du comte de Poitiers, puis comme légataire dans le testament de ce dernier. — Et ainsi se trouvera expliquée l'affinité qui existe entre le *Roman de la Rose* et plusieurs compositions poétiques du Midi. Guillaume de Lorris véritable troubadour transplanté sur les bords de la Loire, fréquenta ces poètes et s'inspira de leurs chants. C'est du reste, quelques années

appelait *être aux draps* d'un prince : *I avoit*, dit Froissard, *un chevalier qui estoit dou pais de Pulle* (Pouille) *et estoit aux draps de Robert de Flandres.* Quand les chevaliers étaient aux draps d'un roi, on les nommait *chevaliers le roy* ou *chevaliers de l'ostel du roy* » (Legrand d'Aussy, I, 411, 412).

(1) « Le comte Alfonse prenait ses officiers parmi les nobles étrangers au pays » (p. 163.)

après, qu'il commença son *Roman* ; mais il dut nécessairement préluder dans la science du *gay saber* par des compositions beaucoup moins importantes et qui ne nous sont pas parvenues.

Le legs de dix livres tournois de rente annuelle qui lui est fait par le comte de Poitiers vient encore à l'appui de cette proposition.

En effet, cette rente aurait dû, ce nous semble, être assise par Philippe III, dit le *Hardi*, neveu et héritier d'Alfonse (1), sur une des nombreuses possessions du feu prince dans le Poitou, l'Auvergne ou du Midi de la France. Au contraire, elle est placée par le roi dans l'Orléanais, où il se trouvait alors (2), *sur une possession qui lui a été donnée en apanage et qu'il peut grever* (3). La rente doit être

(1) L'héritage d'Alfonse se composait du Poitou, de l'Auvergne, partie de la Saintonge et du pays d'Aunis, du comté de Toulouse, etc. La prise de possession de ces provinces par le roi ne se fit pas sans réclamations. Ce fut de la part de Charles d'Anjou au sujet du comté de Poitou. Charles prétendait à ce comté comme plus proche héritier d'Alfonse, lequel était son frère, au lieu que Philippe n'était que son neveu, mais un arrêt rendu en 1283 prononça en faveur de Philippe, sur ce principe, que toutes les fois que le roi faisait don à un de ses puînés de quelque héritage, et que le donataire ou apanagiste mourait sans héritiers, l'héritage retournait au donateur roi, ou à son héritier à la couronne, sans que le frère de l'apanagiste y pût rien prétendre (Velly, VI, 288, 289, le prés. Hénault, année 1283).

(2) Philippe III était à Orléans *en 1275.* (Velly, VI, 331-342); il se préparait alors à partir pour la guerre de Castille. — Lemaire fait mention de lettres patentes de ce roi *datées de Châteauneuf-sur-Loire, juin 1275,* dans lesquelles il confirme et augmente les avantages faits par saint Louis aux chapelains du château de Châteauneuf.

(3) Saint Louis en armant chevalier son fils aîné Philippe, âgé de 23 ans, lui donna quelques temps après (mars 1269) pour apanage *Lorris-en-Gastinois, Castrum Sincon,* qu'on croit être Châteauneuf-sur-Loire, Boiscommun, Fay, Vitry-aux-Loges, Paucourt et sa forêt et les trois quarts de la forêt aux Loges ou d'Orléans, l'autre quart demeura

payée par le prévôt de la châtellenie de Lorris, ville de prédilection des rois capétiens, lorsqu'ils venaient dans notre province.

Philippe le *Hardi* veut, cela est de toute évidence, favoriser les héritiers du *serviteur* de son oncle ; et pour ce faire, il ne trouve rien de mieux que de placer le legs dans le pays même où sont situés les fiefs de la famille de Guillaume de Lorris.

C'est ainsi que fit saint Louis en 1256, lorsqu'il donna à son cher et fidèle clerc Maître Eudes de Lorris *(frère de Guillaume de Lorris)*, la maison de Courpalet avec le droit de chasse dans la garenne de Lorris.

Cette donation explique l'assiette du legs du comte de Poitiers par Philippe III.

C'est saint Louis et son frère Alfonse qui font don à Eudes et à Guillaume de Lorris, frères, de biens et de rente situés et assise dans l'Orléanais, pays de ces derniers.

Il nous paraît difficile de donner une meilleure interprétation des textes.

Nous pensons avoir suffisamment exposé dans les pages qui précèdent, tous les éléments nécessaires pour qu'on puisse apprécier et se prononcer en connaissance de cause sur le lieu de la naissance de l'auteur du *Roman de la Rose* et l'époque où vécut ce poète.

Maintenant abordons notre travail biographique qui va remédier sur ce point, au silence des auteurs, unanimes à reconnaître qu'on a très-peu de renseignements sur Guillaume de Lorris.

uni au domaine de cette ville. C'est une erreur de croire avec Sainte-Marthe, le P. Daniel, Lemaire, S. Guyon, etc., qu'Orléans et Montargis furent compris dans cet apanage. Polluche rapporte les lettres où l'on voit que ces deux villes sont exclues de la donation (Mercure de France, septembre 1735. — Velly, VI, 19.)

IV

La première moitié du XIIIe siècle, fut une époque brillante et féconde en grands événements politiques. Cette époque s'ouvre par un acte énergique de justice féodale : la sommation faite par Philippe-Auguste à Jean Sans Terre, roi d'Angleterre, de comparaître devant la Cour des Pairs pour se justifier du meurtre de son neveu Artus de Bretagne dont on l'accusait.

Puis en 1202, le tournoi d'Écry où, au milieu des joutes et des passes d'armes, on voit Foulques de Neuilly, prêcher la croisade qui devait aboutir à la prise de Constantinople et à la formation de l'empire des Latins.

Les batailles célèbres de Bouvines, de Taillebourg et les expéditions dans le Midi de la France complètent l'historique de cette première partie du XIIIe siècle, qui nous offre un tableau non moins brillant et non moins animé au point de vue littéraire.

Alors florissaient trouvères et troubadours ; ménestrels et jongleurs dont les productions littéraires célébrant les brillants faits d'armes que nous venons de rappeler, étaient dans tout leur essor poétique.

Les sirventes belliqueux de Gevaudan, de Folquet de Marseille, Guillaume Rainols, Giraud de Borneil, Savary de Mauléon et surtout de Bertrand de Born, qui excitent la noblesse à prendre part aux exercices guerriers et à passer outre-mer ; les romances d'amour de Raimbaud de Vaqueiras, d'Eudes de Prades et de Peyrols d'Auvergne, se mêlent partout au bruit des lances rompues dans les tournois et aux fêtes chevaleresques et galantes (1). — Ces chants d'amour et de guerre qu'accompagnent la harpe et la mandore de ceux qui savent « trouver gentiment en « vers », se font entendre de toutes parts sur les bords de l'Adour et de la Durance, pénètrent dans les castels et les manoirs ; et de ville en ville, de province en province, viennent jusqu'aux rives de la Loire, où ils trouvent un écho dans les poésies de Robert de Blois, de Thibault de Navarre et de Guillaume de Lorris.

En ce temps-là vivait dans un castel « sis en la forest d'Orléans, distant de quatre lieues de ladicte ville » un chevalier nommé Adam de Lory, puîné des seigneurs de Lory, dont l'écusson : *d'or à la fasce d'azur, accompagnée de trois aiglettes de gueules,* avait maintes fois figuré sur les champs de bataille et dans les pays d'outre-mer.

Ce chevalier avait pour fils : Guillaume, notre poète, dont nous allons parler ; et Eudes qui fut chanoine et chevecier de l'église d'Orléans puis conseiller au Parlement de Paris et évêque de Bayeux (2).

(1) V. *Romancero français* par M. P. Paris. — Millot. — Raynouard.

(2) Eudes fut conseiller au Parlement, puis évêque de Bayeux après la vacance de ce siège qui eut lieu en 1262-3, et pendant laquelle saint Louis conféra plusieurs bénéfices qui furent révoqués d'après une décision du Parlement.

En 1256, le roi lui fit don de la maison de Courpalet avec le droit de chasse à l'oiseau et aux petites bêtes dans la garenne de Lorris sous foi et hommage lige. C'est, sans doute, comme seigneur de Courpalet que « l'evesque de Baieus figure parmi ceux qui tenant à nu du roy en la baillie d'Orliens furent semons à Tours à la 15e de pasques de l'an 1270 », pour aller combattre contre le comte de Foix.

Il mourut en 1274. « Son anniversaire est marqué au 27 may au mar-

Les historiens et les biographes ne nous renseignant pas sur Guillaume, nous allons chercher à y suppléer d'abord, par les renseignements que nous trouvons dans Hubert et dans le *Roman de la Rose* et par l'étude de nouveaux documents et celle des mœurs de cette époque.

Guillaume, issu de race chevaleresque dut, en cette qualité, recevoir l'éducation qui était alors affectée à la jeune noblesse. Jusqu'à sept ans, il resta au manoir paternel confié aux soins des femmes, puis, à cet âge, retiré de leurs mains pour être remis à celles des hommes et envoyé comme page dans quelque grand « hostel seigneurial », à l'effet d'y recevoir une éducation plus mâle et plus en rapport avec le métier des armes qu'il devait embrasser plus tard. Car « estoit alors, dit Montaigne, ung bel usaige de nostre nation qu'aux bonnes maisons nos enfans soient reçeus pour y estre nourris et élevés comme en une eschole de noblesse, et est discourtoysie, dit-on, et injure d'en refuser ung gentilhomme. »

Les chroniques de ces siècles éloignés sont remplies de détails intéressants sur *ceste departye du damoysel* qui, monté sur un palefroi, accompagné d'un vieux serviteur, se rend chez son nouveau patron. Un monde inconnu jusqu'alors, s'offre à ses regards étonnés. C'est un va-et-vient continuel de chevaliers, d'écuyers, de héraults, de pages et de damoiselles de la grande salle en la chambre et de la chambre dans les cours : partout, il n'entend parler que de chasse, d'armes et d'amour (1).

tyrologe de l'Église d'Orléans, de laquelle il estoit cheveçier (trésorier) en 1258, selon quelques actes tirés du registre *olim*. »

Eudes eut pour successeur à l'évêché de Bayeux, Pierre de Benais, beau-frère de Pierre de la Brosse, chambellan de Philippe III. Sa maison de Courpalet vint en la possession de son neveu et héritier Étienne, fils de l'auteur du *Roman de la Rose*. (Hubert. — Velly, V, 305. — VI, 293, 320. — La Roque, Ban., p. 89.)

(1) Froissard dépeint ainsi la cour du comte de Foix : « On véoit en

C'est le temps du merveilleux en toute chose : le moine, le pèlerin qui revient de Rome, des Lieux-Saints ou de Saint-Jacques en Galice, le chevalier *aubain*, ceux qui savent *trouver* ont toujours à dire ou à chanter des aventures et sont les bien venus dans les demeures féodales (1). C'est le temps où d'après un poète anglo-normand :

> Les rois, les princes, les courteurs (courtisans)
> Comtes, barons et vavasseurs
> Aiment contes, chansons et fables
> Et les bons dits qui sont delitables ;
> Car ils ôtent le noir penser ;
> Deuil et ennui font oublier. (2)

Le jeune page commence son service ; il suit son maître à la chasse, aux fêtes de la chevalerie et dans ses voyages ; le sert à table, apprend à découper et à verser à boire ; entretient la salle seigneuriale de paille en hiver et de vert feuillage en été ; prend soin des armes du maître et des bardes de son cheval, prépare le bain des chevaliers étrangers ; et enfin se familiarise avec le métier des armes.

A ces leçons de l'éducation militaire viennent s'ajouter celles données par les femmes. Celles-ci lui apprennent le catéchisme et l'art d'aimer, lui font choisir *une dame de ses pensées* (3), parmi les jeunes, gentilles et accortes da-

la salle, en la chambre, en la cour, chevaliers et écuyers d'honneur aller et marcher, et les oyoit-on parler d'armes et d'amour ; tout honneur estoit là-dedans trouvé ; toute nouvelle de quelque pays ne de quelque royaume que ce fust, là dedans on y apprenoit ; car de tous pays pour la vaillance du seigneur, elles y venoient. »

(1) C'est avec regret que nous ne reproduisons pas ici, les récits de M. E. Quinet sur la vie de ces poètes et des châtelains à ces époques : nous ne pouvons que renvoyer à cet auteur.

(2) Demogeot, *Hist. de la litt. fr.*, p. 128.

(3) Pour ce qui concerne cette éducation, voir la 1re partie des (Mé-

moiselles qui elles aussi, dans le castel se forment *aulx doulces manières, humbles et fermes d'estat, à estre peu emparlées* (causeuses), *répondre courtoysement, n'estre pas trop enrisées* (folâtres), *ne enrèsvées* (évaporées), *ne soursaillées* (hardies) *ne regarder trop légèrement* (1).

moires sur l'Anc. Chevalerie, par de Sainte-Palaye ; — Velly ; — l'Enciclopédia Araldico-Cavalleresca.

Dans l'*Histoyre et plaisante Chronique du petit Jehan de Saintré*, on voit la *dame des Belles Cousines* réprimander vertement le petit Jehan, alors âgé de 14 ou 15 ans, de n'avoir pas encore choisi *une dame par amours.* « Hà ! failly gentil homme ? Et dictes-vous que n'en amez nulle ? A ce cop congnois-je bien que jamais ne vauldrez riens ; et failly cueur que vous estes, d'où sont venues les grans vaillances, les grans emprises et les chevalereux fais de Lancelot, de Gauvain, de Tristan, de Giron le Courtois et des autres preux de la Table Ronde ; si non par le service d'amours acquérir, et eulx entretenir en la grâce de leur très-désirée dame. »

(1) Sainte-Palaye qui cite le chevalier de la Tour. *Instructions à ses filles.*

Le trouvère Robert de Blois, protégé de Thibault de Navarre, composa le *Castoiement des Dames*, où il enseigne :

> « Par ce vueil-je courtoisement
> Enseigner les Dames comment
> Elles se doivent contenir
> En lor aler, en lor venir
> En lor tenir, en lor parler
> Se doivent moult amesurer
> C'on dist quant dame trop parole
> Aprise est de mauvaise escole. »

Puis viennent les règles de conduite en amours : « La dame ne doit ni rebuter un amant, ni lui donner trop d'espérance, etc. »

> « Gardez qu'à nul homme sa main
> Ne laissiez metre en vostre sain
> Fors celui qui le droit i a :
> Sachiez qui primes controuva

Ainsi enseigné et dirigé (1) en l'hôtel du comte Alfonse de Poitiers, où nous le voyons plus tard, en 1245, figurer parmi les officiers de la cour de ce prince, le jeune de Lory se familiarisa vite avec cette éducation chevaleresque et amoureuse ; doué, comme il l'était d'une nature rêveuse, sentimentale et poétique, il dut être, sans nul doute, un page accompli, un écuyer modèle, galant et empressé auprès des dames ; comprendre enfin admirablement les leçons d'amour qu'on lui donnait, et, sans hésiter longtemps, faire choix

> Afiches (épingles) que por ce le fist
> Que nul hom sa main n'y meist
> En sain de femme où il n'a droit
> Qui espousée ne li soit : — »

(1)
> Si r'ont clerc plus grant avantage
> D'estre gentiz, cortois et sage,
> (Et la raison vous en dirai)
> Que n'ont li prince ne li roi
> *Qui ne seévent de letrure* (*R. de la Rose,* vers 19.329.)

C'est d'après ce dernier vers qu'on a inféré que les anciens nobles ne savaient point écrire : *Ces chevaliers ont honte d'être clercs,* dit Eustache Deschamps, dans une de ses ballades.

Pasquier (*Rech, sur la France*) critique *ceste asnerie ancienne de la noblesse ;* — Boulainvilliers (*Ess. sur la noblesse*) : « C'était une honte pour les nobles que d'êtres lettrés. » — La Chesnage des Bois (*Dict. des mœurs des Français*) : « La haute noblesse était parvenue à un tel point d'ignorance sous Philippe le Bel, que la plus grande partie des grands ne savaient ni lire ni écrire. »

Chéruel (*Dict. hist. des mœurs de la France.*) « C'était une formule consacrée dans les actes passés par les nobles : *ledit seigneur a déclaré ne pas savoir écrire attendu sa qualité de gentilhomme.* »

Nous ne consignerons pas ici le résultat de quelques recherches sur cette question intéressante, nous nous contenterons de citer l'excellente notice de M. Léopold Delisle, « De l'Instruction littéraire au Moyen-Age, à propos d'un autographe du sire de Joinville » où l'auteur prouve combien cette croyance, dont l'origine remonte à J. de Meung, est contraire à la vérité historique.

d'une gentille amie pour être la souveraine de son cœur.

Mais Guillaume, quoique de noble naissance, ne fut-il pas téméraire en adressant ses vœux à une damoiselle de trop haut lignage, comparativement au sien, puisqu'il n'était que fils des puînés des sires de Lory (1) ; et ne pouvait-il pas dire avec son contemporain, Thibault de Navarre :

> Celle que j'aime est de tel seignorie
> Que sa beauté me fit outrequider ;
> Quant je la vois je ne sais que je die
> Si suis surpris que je ne l'ose prier.

Nous serions assez disposé à croire que cet amour, considéré au début comme un enfantillage, fut plus tard fort contrarié, ou tout au moins, peu encouragé par la famille de la jeune fille. C'est ce qui apparaît pour nous de la lecture du *Roman de la Rose*, où le *poète-amant* ne parvient à obtenir le don de *doulce merci* qu'après avoir vaincu mille obstacles qu'il nous représente sous des noms allégoriques (2).

C'est du reste, le temps des amours malheureux. De tous côtés, en effet, on n'entend que gémissements, plaintes et soupirs.

En deçà de la Loire, où on redit encore la chanson que le sire de Coucy adressa à la dame de Fayel au moment de passer outre-mer :

> Ahi ! amors, com dure de partie
> Me convendra fere pour la meillor

(1) Adam de Lory, *puîné* de la maison des sires de Lory ou Loury, et père de Guillaume, *prenait le nom de Lory,* encore, dit Hubert, *qu'il n'en fust pas seigneur.*

C'est sous le nom de Lory que nous désignerons désormais l'auteur du *Roman de la Rose.*

(2) « La rose est évidemment la femme qu'on aspire à posséder, et ces personnages allégoriques qui en favorisent ou en contrarient la conquête,

Qui oncques fust amée ne servie !
Dex me ramaint à li, par sa douçor,
Si voirement comme g'en part à dolor.
Dex ! q'ai-je dit ? Jà ne m'en part-je mie,
Ains vas mes cors servir nostre seiguor
Mes cuers remaint du tout en sa baillie, etc.

Robert de Blois se plaint du beau sexe ; puis compose pour lui un ouvrage qu'il intitule le *Castoiement des Dames*.

Thibault, comte de Champagne et roi de Navarre, chante l'amour qu'il ressent pour la mère de saint Louis, pour Blanche de Castille et gémit de ses rigueurs :

Une chançon encore voil
Faire pour moi conforter
Pour celi dont je me doil
Vœil mon chant renoveler :
Por ce ai talent de chanter,
Car quant je ne chant mi oil
Tornent sovent à plorer. (1).

représentent assez exactement les divers incidents de l'amour ainsi que les passions que met en jeu la passion principale. » (Nisard, I, 117.)

(1) Nous lisons dans un opuscule intitulé : *les Galants du temps jadis*, par M. A. Raymond. « On a beaucoup discuté pour éclaircir si, en effet, la reine de France, avait été la dame des pensées et des chansons du roi de Navarre. Quelques historiens, sur la foi d'un anglais, ennemi juré de la race de Philippe-Auguste, ont accepté comme une tache à la mémoire de Blanche de Castille, le fait de cet amour de Thibault de Champagne. *Les grandes chroniques de France* copiant Mathieu Paris, ont accrédité ce conte : « quelques hommes sages lui conseillèrent de s'étudier aux bons sons et aux doux chans des instrumens, ce qu'il fit, car il fit des plus belles chansons, les plus mélodieuses qui jamais furent ouïes, et les fit écrire en sa salle de Provins et en celle de Troyes. »

« Et cela pour parvenir à fléchir les rigueurs de la Reine de France.

« Bayle, Mézeray, l'abbé de Choisi, Auteuil, le p. Daniel, etc., ont

Dans le Midi, Raimbaud de Vaqueiras aime Béatrix de Montferrat, qu'il chante sous le nom de *Bel-Cavalier*. Il est retenu par elle pour serviteur et ami ; mais cela ne suffit pas à Raimbaud qui la prie d'amour et requiert le don de *doulce merci* ; — Bertrand de Born, un des plus illustres parmi ces poètes et qui joua un rôle important dans les affaires politiques de ce temps, se plaint que son amie, qui est « la plus excellente dame qui soit dans toute l'étendue de la terre et de la mer » la soupçonne d'infidélité ; — Arnaud de Marveil, pauvre serf que son talent élève et met au premier rang, s'éprend de la vicomtesse de Béziers qu'il désigne dans ses vers sous les noms allégoriques de *Bel-Veser*, *Bel-Regard*. Tout la peint à mes yeux, dit le poète amoureux :

> Tout la peint à mes yeux ; la fraîcheur de l'aurore,
> Les fleurs dont la prairie au printemps se colore,
> Retraçant à mes sens ses agréments divers,
> M'excitent à chanter sa beauté dans mes vers.
> Je puis, grâce aux flatteurs dont notre siècle abonde,
> L'appeler sans péril *la plus belle du monde*.
> Si l'on n'offrait ce titre à qui ne peut charmer,
> Le donner à ma dame eut été la nommer (1),

Il obtint un baiser ; là, se bornèrent toutes les faveurs que lui accorda *sa plus belle du monde*. Aussi, Arnaud au désespoir « ne tient plus à rien sur la terre, il n'y a plus d'amie, il n'y doit plus rien aimer. »

Peyrols d'Auvergne nous apprend « qu'aimer est tout son bien et fait toute sa gloire. » Il a obtenu le *mieulx de tout*

propagé ce que racontaient les chroniques, et il est aujourd'hui avéré que Blanche de Castille était la *maîtresse* du roi de Navarre. »

C'est improprement que le mot *maîtresse* est mis ici au lieu de *dame* ou *amie*. D'après Brantôme (*Dames Galantes*) maîtresse prise dans ce sens, ne date que du xvi° siècle.

(1) Demogeot, p. 137.

bien; il est rempli de joie. Hélas ! cette joie fut de courte durée pour lui, puisque dans une autre pièce de vers, il nous dit souffrir des caprices et des rigueurs de celle qu'il aime.

Gaucelm Faidit veut mourir de chagrin, parce que sa dame qu'il nomme *Bel-Espoir*, est en *amitié* avec le comte de Provence.

Hugues Brunet, par désespoir d'amour, se fait religieux : « J'ai pris la précaution, dit-il, de mettre la belle que j'adore à couvert de la méchanceté des médisants. Je baisse les yeux et ne la regarde que du cœur. Je cache mon bonheur à tout le monde ; personne ne sait ou j'ai placé mon amour. Si l'on me demande à qui mes chants s'adressent, j'en fais mystère à mon meilleur ami et je feins que c'est à telle, dont il n'en est rien. »

Enfin Perdigon, Giraud de Borneil, Sordel, Pierre Raymond, etc., remplissent leurs chants de plaintes contre leurs amies qui ne se rendent pas assez vite au gré de leurs désirs ou qui dédaignent leurs soupirs (1).

Guillaume de Lory vient augmenter cette liste d'amants infortunés. Il est devenu plus inquiet, plus rêveur ; il ne prend plus part aux jeux de quintaine, de bagues et de courses ; il s'éloigne de ses compagnons et ne fréquente plus que les lieux solitaires pour y murmurer chansons ou complaintes d'amoureux sentiments (2) ; préludes poétiques de l'œuvre qu'il va bientôt entreprendre.

Guillaume aime ! — Lui aussi peut dire avec le poète :

> Qui sait guérir du mal d'amour
> S'enviegne à moi, car d'aimer souffre

(1) V. Millot, Raynouard, Moréry, etc.

(2) Ainsi on nous peint le fameux Boucicault qui, *adolescent* « joyeux, joly, chantant, se preint à faire bâllades, rondeaux, virelais, lais et complaintes d'amoureux sentiments. »

Et avec Thibault de Navarre :

> Les doulces doulors
> Et les maulx plaisans
> Qui viennent d'amors
> Sont dols et cuisans.

Il souffre ! car il aime véritablement. Son amour est timide, son cœur est craintif. — Ira-t-il par devers celle qu'il aime lui dire la peine qu'il ressent ?

A cette pensée, tout courage l'abandonne, — Il n'ose la requérir d'amour et lui crier :

> Dame, merci ! donnez-moi l'espérance
> De joie avoir !

Malgré les obstacles qu'il rencontra dans sa poursuite amoureuse, Guillaume parvint cependant à se faire aimer et à obtenir de sa belle *Rose le baiser d'amour* (1).

Eut-il cela de commun avec Giraud de Borneil, que ce baiser fut la seule faveur qu'il obtint de son amie ? Nous ne saurions le dire. Mais ce qu'il y a de certain, c'est que *cinq ans après*, notre amant a encore si douce et amoureuse souvenance du baiser octroyé, qu'il ne peut penser à sa belle amie sans que *grande douleur au cœur le touche.*

Pourquoi cette *grande* douleur ? — Cinq ans se sont écoulés depuis le jour où Guillaume de Lory a rencontré pour la première fois celle qui possède son cœur. — Pendant tout ce temps, nos amants ont cessé de se voir. Quelle en est la cause ? — La jeune fille s'est-elle rendue aux désirs

(1) V. dans Millot et Raynouard, les vies des troubadours Eliés Caïrels, H. de la Bachellerie, B. de Ventaour, G. de Cabestaing, qui offrent des situations analogues à celle que nous donnons à Guillaume de Lory.

de ses parents en cessant de voir son ami, ou bien doute-
t-elle qu'il l'aime réellement (1) ?

Une de ces deux raisons, peut-être la dernière, serait
donc le sujet de la grande douleur que ressent Guillaume
de Lory.

Pour fléchir celle qu'il aime, la ramener à lui, il imagine
de chanter ses amours, mais discrètement et de façon à
n'être compris que d'elle seule. Le moyen qu'il emploie est
des plus ingénieux. S'inspirant d'un poëme provençal (2),
dont les strophes étaient chantées par les châtelains et les
damoiselles, il s'en empare, en élargit le cadre et compose
dans cette belle, harmonieuse et poétique langue romane,
née du mélange des peuples du Midi avec ceux du Nord, un
roman (3), qui va être à la fois un soulagement pour lui, et

(1) Ce que nous disons se trouve pleinement justifié par les vers
4139 et suiv.

> Ha ! Bel-Accueil, je scay de voir
> Qu'ils tendent à vous decevoir
> Et faire tant par leur flavelle (discours)
> Qu'ils vous traient à leur cordelle
> Si croy quilz ont ainsy jà fait
> La vérité n'en scay de fait
> Mais mallement suis esmayez
> Que entr'oublie ne m'ayez.

(2) Notre travail sur G. de Lorris nous avait remis en mémoire un
poëme de P. Vidal, troubadour du XIIIe siècle, se rapprochant en beaucoup de points du *Roman de la Rose*. Nous espérions être le premier à
établir les liens de parenté qui existent entre ces deux compositions ;
nous avons été devancé par M. Fr. Michel qui en parle dans son édition
du *Roman de la Rose*. Le savant éditeur ne voit dans Pierre Vidal qu'un
précurseur de G. de Lorris. Nous irons plus loin, en disant que ce dernier s'est inspiré de ce poëme pour composer son *roman*. Voir *appendice IV*.

(3) Les troubadours donnèrent quelquefois le titre de *Roman* à
quelques-unes de leurs pièces qui n'étaient pas divisées en couplets (Raynouard).

pour les autres un enseignement. Avec ce titre significatif :

> Cy est le *Rommant de la Rose*
> Ou tout l'ars d'amours est enclose (1)

Qu'on ne s'y méprenne point. Guillaume n'a pas eu un seul instant la pensée de paraphraser l'Art d'aimer du poète latin, mais bien sous le couvert de son roman, de nous initier à l'histoire de ses amours (2). — Dès le début de son œuvre, il nous en avertit lui-même :

> Maintes gens dient que en songes
> Ne sont pas fables et mensonges ;
> Mais on peut telz songes songier
> Qui ne sont mie mensongier :

Et craignant que, malgré ce préambule, on n'interprète encore mal ce qu'il veut faire, il y revient en précisant fortement :

> Celle pour qui je l'ay empris
> C'est une dame de hault pris ;
> Et tant est digne d'estre amée
> Qu'elle doit Rose estre clamée.

Et plus loin :

> Qui du songe la fin orra
> Je vous dis bien qu'il y pourra

(1) Les extraits que nous allons donner du *Roman de la Rose* sont pris de l'édition Didot, an VII (1799). Ce texte nous paraissant plus intelligible à la lecture.

(2) « M. Ampère affirme sur la foi du titre du *Roman de la Rose* que Guillaume avait entrepris de faire de son poème un traité complet de l'art d'aimer. M. P. Paris lui prête seulement l'intention de raconter les peines et les plaisirs réservés à ceux qui aiment. C'est notre avis » dit le dernier éditeur du *Roman de la Rose.*

> Des jeux d'amour assez aprendre,
> Pourveu que bien y vueille entendre.
> Et bien concevoir la substance,
> Du songé la signifiance
> La vérité qui est couverte
> Vous en sera lors toute apperte,
> Quant déclarer m'orrez le songe
> *Ou n'y a fable ne mensonge*

> *Mais en songes oncques riens n'eut*
> *Qui advenu du tout ne soit.*

Rapprochant de ces déclarations, les passages du continuateur rapportés ci-dessus, page 12, note 1re, où Guillaume est mis en scène sous le nom de l'*Amant*, tout doute disparaît et il demeure acquis que c'est bien de lui dont il entend parler.

Si le *poëte-amoureux* n'a pas voulu être plus explicite, c'est qu'il craignait, non pas de faire connaître l'amour qu'il ressentait, mais bien de désigner trop clairement la dame de « hault pris » qu'il aime. Guillaume, en dehors des obstacles qu'il rencontre de la part des parents et des envieux et qu'il préfère tourner adroitement, au lieu de les affronter en face, connaît les lois de la galanterie qui recommandent la discrétion. Les gentilles dames lui ont dit et sans cesse redit : « Qui ne sait céler, ne peut aimer. » — « L'amour dure rarement lorsqu'il est divulgué. »

> « Toutes femmes sers et honnoure
> A eulx aider paine et laboure
> Et se tu ays nul mesdisant
> Qui les femmes soit desprisant
> Blasme-le et fais qu'il se taise. (1) »

(1) On voit dans la Chronique de Saintré, la dame des Belles-Cousines faire de semblables recommandations au petit Jehan : « Suivez la compaignie des bons, oyez et retenez leurs parlers ; soyez humble et

Ces vers, que le poète place dans la bouche du *Dieu d'Amours*, prouvent qu'il savait de quel prix était la discré-
courtoys, où que vous soyez, sans vous vanter ne trop parler ne aussi estre muet. Gardez vous bien que dame ou damoiselle ne soit blasmée pour vous, ne pour autre femme, quelle qu'elle soit. Et se vous trouvez en compaignie que l'on en parle deshonnestement, monstrez par vostre gracieux parler, qu'il vous en deplaist et vous en departez. »

Jean de Meung a singulièrement transgressé les préceptes du Dieu d'Amour, lorsqu'il composa ces vers :

> Toutes estes, serez ou fustes,
> De fait ou de voulentez putes
> Et qui bien vous chercheroit
> Toutes putes vous trouveroit.

Fauchet rapporte que les dames piquées avec raison d'une décision si générale, délibérèrent de s'en venger. Armées chacune d'une poignée de verges, elles allaient lui faire expier la peine de son insolence, lorsque le coupable leur dit : « Puisqu'il faut que je subisse aujourd'hui le châtiment, ce doit être par les mains des personnes que j'ai offensées : or je n'ai parlé que des méchantes et non pas de vous qui êtes ici, toutes sages et belles et vertueuses. Ainsi que celle d'entre vous qui se sentira la plus offensée commence à frapper, comme la plus forte p..... de toutes celles que j'ai blâmées. » Pas une d'elles ne voulut commencer, craignant d'avouer ce titre infâme.

Les biographes et les commentateurs nient que cette aventure soit arrivée à J. de Meung ; ils prétendent qu'elle est tirée d'un livre italien intitulé : *Cento novelle antiche*, à *Guilelmo di Bergdam*, gentilhomme et poète provençal qui vivait au XIIIe siècle et dont Nostradamus a fait mention.

Il est possible que G. de Bergdam ait été le héros d'une semblable aventure, quoique l'abbé Millot n'en fasse aucune mention. Mais il n'en est pas moins certain que le fait est arrivé à Clopinel. Et comme preuve nous invoquerons le témoignage d'un auteur du XVIe siècle : Brantôme après avoir analysé dans ses *Dames Galantes* (Discours 1er) cette anecdote qu'il met sur le compte de J. de Meung, ajoute : « *J'en ay veu l'histoire représentée dans une vieille tapisserie des vieux meubles du Louvre.* »

Nous n'ignorons pas que Ménage a mis en doute la véracité de l'astion en semblable affaire. Dans le *Roman*, en effet, c'est en vain qu'on chercherait un renseignement, le moindre indice qui puisse mettre sur la trace du nom de la famille de *sa dame*. Son prénom même, oublié à dessein, est mis ici comme une énigme. Il se contente de nous dire que :

> C'est une dame de hault prix
> Et tant est digne d'estre amée
> Qu'elle doit *Rose* estre clamée

En cela, d'ailleurs, il a suivi les nombreux exemples que lui fournissaient les poëtes du Midi (1), qui, tous nous dési-

sertion de Brantôme, prétendant que c'était un conte auquel avaient donné lieu les quatre vers qui se trouvent au feuillet 172 de l'édition de 1529, à Paris, chez Galiot Dupré.

On a récusé ce témoignage bien à tort. Qu'on en juge.

L'anecdote qui concerne J. de Meung se trouve consignée dans l'ouvrage des 127 poëtes de Fauchet, qui *parut en 1581*, et dans celui des Hommes Illustres de Thevet, *en 1584*. Or, d'après *l'avis au lecteur* mis en tête des *Dames Galantes*, Brantôme nous apprend que ce livre dédié au duc d'Alençon, *ne parut que plusieurs années après la mort de ce prince arrivée en 1584*. Cet auteur n'a donc fait que reproduire un fait déjà publié par Fauchet et Thevet, ses contemporains. Il n'a rien inventé. Et en disant qu'il *en a veu l'histoire représentée dans une vieille tapisserie des vieux meubles du Louvre*, nous pouvons le croire sur parole.

(1) Thibault de Navarre et Guillaume de Lorris tiennent plus des poëtes du midi que de ceux du nord. « Pour les détails, souvent G. de Lorris, imite, il traduit même Ovide, pour la forme générale, il s'inspire de la poésie des Provençaux. » (Demogeot, Leroux de Lincy, etc.)

C'est donc à tort que M. Sandras dans son *Étude sur Chaucer*, considéré comme imitateur des Trouvères (Paris, 1859), où il prouve l'influence que le *Roman de la Rose* exerça sur le génie du poète anglais, a voulu trouver le germe de l'œuvre de G. de Lorris dans des poëmes latins fort goûtés au moyen-âge tels que la Psychomachie de Prudence et l'Eglogue de Théodule, et conclure que « ces modèles suffisent pour

gnent leurs dames par amour sous des noms allégoriques :
Fleur-de-Lis, *Bel-Espoir*, *Bel-Cavalier*, *Bel-Veser*, *Bel-Regard*, etc., afin, dit Hugues Brunet, de mettre en défaut
les envieux et les médisants ; et aussi les parents et les maris jaloux, ajouterons-nous, car, peu d'entre eux se souciaient de subir le sort de l'infortuné Cabestaing (1).

Il les imite encore dans le portrait qu'il fait de la femme
qu'il chante et à qui il donne si galamment et si gracieusement le nom de la plus belle, de la reine des fleurs : de la
rose, admirée, chérie des belles et chantée par les poètes,

expliquer la naissance du genre allégorique conçu par G. de Lorris sans
qu'on recoure à des sources arabes et provençales. »

(1) Guillaume de Cabestaing, écuyer au service de Raymond, seigneur
du Castel de Roussillon, s'éprit d'amour pour Marguerite, femme de
Raymond, qui le paya du plus tendre retour ; il chanta sa dame dans des
chansons. Le châtelain joué d'abord une première fois, ne doute bientôt
plus de son malheur et jure de se venger. Il feint d'ignorer, emmène
l'écuyer en chasse, seul avec lui, dans la forêt voisine, puis se retourne
brusquement, plonge son épée dans le sein de Guillaume, lui coupe la
tête, l'éventre et lui retire le foie qu'il fait préparer et servir comme un
foie de sauvagine.

Et le repas fini, demande à Marguerite comment elle a trouvé ce
mets ?

— Excellent, Monseigneur.

— Je le crois bien, dit le barbare en montrant la tête livide du pauvre
écuyer, c'est ce que vous avez le mieux aimé.

— Oui, excellent, reprend Marguerite, folle de douleur, et ce mets est
si délicieux que je n'en veux plus manger d'autre. »

— Elle s'élance par la fenêtre et tombe morte aux pieds des murs.

Un cri d'horreur s'éleva dans tout le Midi contre le monstre qui avait
violé toutes les lois de la chevalerie par un acte d'épouvantable férocité.
Il fut arrêté comme traître et félon et son château détruit. Les restes de
la belle Marguerite et ceux de Guillaume furent réunis dans un même
et somptueux tombeau, qui devint un but de pèlerinage pour les amants.
(Moréry, Millot, Raynouard, Libert, Chéruel, etc,)

comme l'emblème de la beauté, de la virginité et de la volupté (1). — Ecoutez-le :

> Tendre eut la chair comme rousée,
> Simple fut comme une espousée,
> Et blanche comme fleur de lys ;
> Visaige eut bel, doulx et alis
> Elle estoit gresle et alignée ;
> N'estoit fardée ne peignée ;
> Car elle n'avoit pas mestier
> De soi farder et affaictier.
> Les cheveulx eut blons et si longs (2)
> Qu'ilz luy batoient aux talons :
> Elle eut bien fait nez, yeulx et bouche
> Moult grant douleur au cueur me touche

(1) Voir *Appendice* V.

(2) « Tous les chansonniers, les romanciers, les poëtes des XII⁰ et XIII⁰ siècles ne célèbrent presque jamais que des blondes. Eustache Deschamps, poète qui vivait vers la fin du XIV⁰ siècle, compte parmi les soins qu'exige l'éducation de l'enfance, celui de rendre les cheveux blonds. Plusieurs siècles après, quand la mode des perruques s'établit, les perruques du bel air pendant longtemps furent des blondes. Au reste on sait que telle était la couleur des anciens Gaulois, qui, selon Pline, employaient même une composition pour la rendre plus foncée ; que c'était celle des Barbares qui vinrent conquérir la Gaule ; et personne n'ignore que les hommes par toute la terre n'attachent la beauté qu'aux traits qu'ils ont reçus de la nature. Ce n'est que peu à peu, et par le commerce, par les guerres, etc., que les peuples brunis des provinces méridionales de l'Europe, se mêlant insensiblement dans toute la France en ont altéré la couleur originelle. »

« Au XIII⁰ siècle, les cheveux noirs étaient regardés comme une marque de laideur. » (Legrand d'Aussy, I, 52, 372.)

Les poètes populaires de l'Espagne, lorsqu'ils veulent donner l'idée d'une femme d'une beauté accomplie, la représentent avec des cheveux blonds, et même d'un blond doré. Cervantes, qui, lui aussi, cherchait l'idéal, donne le plus souvent à ses héroïnes des cheveux d'un blond éclatant. (Damas-Hinard, Romancero de l'Espagne.)

Quand de sa beauté me remembre. (1)
De la façon de chascun membre
Si belle femme n'a au monde
Jeune fut et de grant faconde
Sage, plaisant, joyeux et cointe.
Gresle, gente, frisque et açointe

« Moult grand douleur au cueur me touche, quant de sa beauté me remembre ? »

Que veut-on de plus affirmatif pour croire que Guillaume en composant son *Roman* racontait sa propre histoire ?

Ces vers n'expriment-ils pas l'amour au suprême degré ? C'est le cri partant du cœur d'un véritable amant qui déjà favorisé, désire et demande encore !

Notre poète est réellement épris de sa *Rose*, qui est si belle qu'*elle n'a pas sa pareille au monde.* C'est en vain, que parfois découragé, il cherche à *oublier.* Le souvenir de celle qu'il aime est si bien gravé dans son cœur qu'il ne peut y parvenir, et toutes les fois que l'image de *sa dame bien aimée* s'offre à sa pensée, de suite son cœur se prend de grande joie et de grande douleur.

Qui d'amour sent douleur et peine
Bien doit avoir joie prochaine.

Les présentes recherches sur Guillaume de Lory ne nous contraignent de parler du *Roman de la Rose,* qu'autant que nous y trouvons des renseignements utiles à notre thèse ; mais le sujet est tellement lié ici, que nous nous croyons obligé de faire une rapide analyse de l'œuvre du poète.

(1) Dans plusieurs éditions, ces deux vers se lisent ainsi :

Moult grant *douçor* au cueur me touche
Si m'aist Diex, quant il me membre.

Nous préférons la première leçon comme étant plus en rapport avec la situation du poète.

> Çy est le *Rommant de la Rose*
> Ou tout l'ars d'amours est enclose
>
> .   .   .   .

Et sous-entendu aussi d'histoire des amours de Guillaume de Lory. Car bien qu'imaginant un songe pour être plus à l'aise comme conteur (1), il nous prévient que *certains songes*, — celui qu'il va rimer entre autres, ne sont pas ainsi qu'on le croit, toujours *mensongiers*; et il continue :

> Au vingtiesme an de mon aage
> Au point qu'amours prend le peage (2)
> Des jeunes gens, couchié m'estoye
> Une nuict comme je souloye,
> Et me dormoye moult formant,
> Si vy un songe en mon dormant,
> Qui moult fut bel à adviser
> Comme vous orrez deviser.

(1) L'idée de Guillaume de Lory d'avoir bâti son *Roman* sur un songe, n'était pas neuve, même de son temps. Et sans vouloir explorer l'antiquité qui, sous la forme de songes nous cachait les vérités les plus sublimes, plusieurs de nos anciens poëtes ont employé ce moyen. Thibault de Navarre, nous apprend qu'il a vu sa dame par amour, en songe :

> Aucune fois je l'ai vue
> En songe tout à loisir,
> Lors je pleurois tendrement,
> Oh! je vouldrois en dormant
> Ecouler ainsi ma vie !

La Fontaine a dit depuis dans sa fable du *Dépositaire infidèle*.

> Le doux charme de maint songe,
> Sous les habits du mensonge
> Nous offre la vérité.

(2)   C'est à vingt ans qu'on a tous les plaisirs.

(Gentil Bernard, l'Art d'aimer, ch. 1er)

> Car en advisant moult me pleut,
> *Mais en songes oncques riens n'eut*
> *Qui advenu du tout ne soit.*
> Or vueil ce songe rimoyer
> Pour voz cueurs plus fort esgayer ;
> *Amours le me prye et commande*
> *Et se nulz ou nulle demande*
> Comment je vueil que ce rommans
> Soit appelé, que je commans,
> Que c'est le *Rommant de la Rose*
> Ou l'ars d'amours est toute enclose
> La matière en est bonne et briefve (1).
> Or doint Dieu qu'en *gré la reçoive*
> *Celle pour qui je l'ay empris*
> *C'est une dame de hault pris ;*
> *Et tant est digne d'estre amée*
> *Qu'elle doit Rose estre clamée.*

Vous lisez bien : c'est pour sa douce amie *qui tant est digne d'estre amée,* que Guillaume a entrepris ce *Roman,* où il va exposer tout l'*ars d'amours.* Qui mieux que lui qui a souffert des *doulces doulors,* qui viennent *d'amour* peut traiter un semblable sujet ? — Que Dieu et sa Dame en gré le reçoivent ?

Et puis, il est d'âge pour que l'amour le prenne en *peage* et lui soit favorable. — Il a vingt-cinq ans, il a chaussé les éperons d'or et ceint le baudrier, insignes sacrés de la che-

(1) Des éditions donnent cette variante :

> La matière en est bonne et *neufve*
> Or doint Dieu qu'en gré la receufve.

Il est possible que la matière en soit *bonne,* mais quant à être *neufve* Guillaume veut nous tromper, attendu qu'Ovide et Vidal lui ont fourni, le premier, beaucoup de pensées sur l'amour et le second, le plan de son *Roman.* — Quant au songe, le moyen était connu.

valerie. Son nouvel état lui fait un devoir, une loi même (1)
d'avoir une amie à qui il reportera toutes ses pensées et dont
le souvenir l'excitera à accomplir de hauts et brillants faits
d'armes.

C'était un beau jouvencel, si nous en croyons le portrait
qu'il fait de lui-même au moment du songe, c'est-à-dire à
dix-neuf ou vingt ans ; à la veille d'être reçu chevalier et
alors qu'il faisait partie de l'hôtel du comte Alfonse :

> Déduyt fut bel et long et droit,
> Et compassé très-bien à droit
> Plus que jamais on ne veit homme :
> La face avoit comme une pomme,
> Blanche et vermeille tout entour ;
> Certes il fut de bel atour :
> Les yeulx eut vairs (2), la bouche gente,
> Le nez fut fait par grant entente,
> Cheveulx eut blons et crespelez
> Et n'estoit pas son chief pelez ;
> Des espaules fut bien formé,
> *De cela suis bien informé ;*
> Gresle estoit par le faulx du corps
> Et très bien fait, *dont me recors ,*
> Moult legier fut ysnel et vistes :
> Plus habile homme vous ne veistes ;

(1) *Dieu et sa Dame,* tel était l'idéal de la chevalerie, en dehors duquel point de parfait chevalier. — La Dame des Belles-Cousines va
plus loin, en disant point de *salut* pour le chevalier qui n'a pas de
dame par amour.

« Encores sur ce propos vous dis-je plus, que celuy qui entend à
loyaulment servir, je dis qu'il peult *estre sauvé en âme et en corps.* »

(2) « Nos auteurs ne célèbrent presque jamais que des beautés
blondes ; ils ne célèbrent non plus que les yeux *vairs,* nommés ainsi
parce que comme le *vair,* fourrure gris-blanc, ils sont parsemés de petits
points blancs, ainsi qu'on peut s'en convaincre en les regardant de
près. » (Legr. d'Aussy. III, 346.)

> Et si n'avoit barbe au menton,
> Si non petit poil folleton ;
> Il estoit jeune damoyseaulx :
> *Son baudrier fut pourtrait d'oyseaulx*
> *Qui tout estoit à or batu ;*
>
> . . . .

Quoique ce portrait s'applique, dans le *Roman*, au personnage nommé *Déduit* (divertissement, plaisir d'amour), on ne peut hésiter à dire que c'est celui de Guillaume de Lory, lorsqu'on voit avec quel soin cette description est faite par le poète. Il s'y complaît et n'omet aucun détail. *Il est beau et de bel atour, bien fait de corps ; à la chevelure blonde et frisée ; pas de barbe au menton, sinon petit poil folleton,* etc.

Il ne craint pas de se tromper ; il se prend à témoin : *dont me recors.* C'est en parfaite connaissance de cause. De cela, nous dit-il :

> *De cela suis bien informé.*

Et pour qu'on n'en doute point, Guillaume de Lory appose au bas de cette description son sceau armorié (1). Le bau-

(1) Guillaume de Lory a ici imité plusieurs de nos vieux poètes qui, tout en gardant l'anonyme, usaient de moyens plus ou moins ingénieux pour s'assurer la possession de leurs œuvres. — Aux exemples donnés, page 9, joignons encore celui d'un poète du commencement du XIVᵉ siècle, qui exerça sa verve sur le *Roman de la Rose*, en y ajoutant, retranchant et en en renversant toute la marche. — Voici les vers où il s'est fait connaître :

> Et se de mon nom veult avoir
> Aucuns aulcune cognoissance,
> Ne l'en feray or demonstrance
> Autrement fors que par mos teus,
> C'on entre par moi es osteus.

drier de ce *jeune damoyseaulx*, dit-il, *fut pourtrail d'oy-
seaulx qui tout estoit à or batu.* Indice héraldique précieux

> De plus or ne descouverroie
> Moi, ne mon seurnom ne vorroie
> Rimer ne par apiert retraire :
> Chi veil ma nef a rive traire.

« Il paraît, dit Méon, que cet auteur se nommait La Porte, et je n'ai
rien trouvé sur lui. Il a fait le même travail sur la continuation du *Roman*, par Jean de Meung. »

L'époque où ce poète a fini son travail sur le *Roman de la Rose*, est
devenue un sujet de controverse. M. Paulin Paris, en reproduisant les
vers où l'auteur rend ainsi compte de son œuvre :

> En l'an de l'Incarnation
> Jhesu, par dupplication
> De VI, de V et XL
> Le jeudi devant ce c'on cante
> *Resurrexi*, fu terminés
> Chis livres, et ainssi finés.
> Com maistre Guillaume le fine.

ajoute : « Il est singulier que ces vers, qui portent la date de 1290,
et accompagnent un exemplaire où se trouve la continuation, n'aient pas
empêché Méon de dire de celui qui les avait composés qu'il écrivait au
commencement du XIVᵉ siècle. »

La remarque de M. P. Paris, en signalant l'erreur commise par Méon,
a pour conséquence de faire remonter l'achèvement du *Roman* par J. de
Meung, avant 1290.

Il est évident que Méon a fait erreur ; mais cette erreur ne tombe
pas, ainsi que le prétend M. P. Paris, sur le *millésime*, mais bien sur le
vers : *De VI, de V et XL.*

On n'ignore pas combien les fautes de lecture ou de copie sont faciles
à faire en lisant ou en copiant les anciens manuscrits. — Et comme
M. Paris reconnaît que toutes ses recherches ont été infructueuses pour
retrouver le manuscrit qui a servi à Méon ; et qu'il ne critique Méon
que d'après le texte fourni par ce dernier, nous croyons être autorisé à
dire, d'après notre examen sur *Robert d'Artois*, que Méon a reproduit

qui n'a été l'objet d'aucun commentaire. Cependant ces deux vers ont une réelle importance, et seuls, ils suffiraient, à défaut d'autres preuves, pour nous renseigner sur la famille à laquelle se rattachait notre poète.

> Son baudrier fut pourtrait d'oiseaulx
> Qui tout estoit à or battu.

En termes plus compréhensibles : *Déduit, ce jeune damoyseaulx, ami du plaisir et de l'amour,* avait pour armes figurées sur son baudrier :

> *D'or à trois aiglettes de gueules.*

D'après la célèbre règle du blason, de ne point mettre métal sur métal, ni couleur sur couleur, l'aigle ne peut être représentée sur cet écu, dont le *champ* est *d'or,* que sous les couleurs d'azur, de sable ou de gueules. Nous lui attribuons cette dernière couleur parce que c'est G. de Lory qui écrit, et que ce blason est celui des sires de Lory ou Loury, dans la généalogie desquels le poète est mentionné.

Cette description nous permet donc d'établir l'origine de Guillaume de Lory. Avec ce renseignement important qui vient confirmer les textes du chanoine Hubert et du P. Anselme, on peut dès à présent affirmer, et cela, sans crainte de se tromper, que l'auteur du *Roman de la Rose* était de la famille des sires de Loury qui avaient pour armes : *D'or, à la fasce d'azur, accompagnée de trois aiglettes de gueules.*

L'analogie qui existe entre ces deux descriptions héraldiques dispense de tout commentaire. Un plus long examen

inexactement le vers : *De VI, de V et XL,* qui devrait se lire ainsi : *De VI. de V et L,* donnant par *duplication 1310,* année qui justifie pleinement son assertion que l'auteur vivait au commencement du XIVe siècle.

devient inutile ; du reste, nous ne pourrions que répéter ce que nous avons dit à ce sujet, page 23 et suivantes.

Reprenons l'analyse du *Roman* :

> Advis m'estoit à ceste fois
> *Bien y a cinq ans et cinq moys*
> Que ou moys de may je sonjoye
> Ou temps amoureux plein de joye
> Qu'il n'y a ne buissons ne haye
> Qu'en celluy temps ne s'esgaye,
> Et en may parer ne se vueille
> Et couvrir de nouvelle fueille.

Puis, suit une description du printemps, du *renouveau*, que nos vieux auteurs ont trouvée si belle que dans leur enthousiasme, ils ont défié tous les anciens et ceux qui viendront après d'en faire de plus à propos.

Guillaume continue :

> Songeay une nuyt que j'estoye
> Me fut advis en mon dormant
> Qu'il estoit matin proprement ;
> De mon lit tantost me levay,
> Me vesty et mes mains lavay ;

> Hors de ville euz talent d'aller,
> Pour oyr des oyseaulx les sons,
> Qui chantoient par les buissons
> En ladite saison nouvelle ;

Et seul en *s'esbattant*, arrive à

> . . . . ung vergier grant et lé
> Enclos d'ung hault mur bastillié
> Pourtrait dehors et entaillié
> De maintes riches empraintures :

dont *voulentiers* il veut rimer.

C'est d'abord :

« *La Hayne*, qui de grant courroux et d'ataine, sembloit bien estre tenceresse..»

Puis :

« *Felonnye*, son nom qui trop estoit rebelle, appelée estoit felonnye. »

« *Vilenye*, male créature, médisante et ramponneuse. »

« *Convoytise*, qui les gens atise de prendre et de riens donner. »

« *Avarice*, laide, sale et soillée, maisgre et chétive. »

« *Envye*, qui ne rist oncques en sa vie, n'oncques de rien ne s'esjoit. »

« *Tristesse*, la douloureuse, la chétive. »

« *Vieillesse*, au visaige fletri, qui retournoit jà en enfance. »

« *Papelardie*, qui de nul mal faire ne se tarde. »

Et enfin :

« *Povreté*, qui ung seul denier ne voit pas s'elle se deust pendre. »

Après avoir regardé et examiné toutes « ces ymaiges et paintures en or et azur de toutes parts painctes au mur, » Guillaume s'approche de la porte du *vergier flori*, gardée par « *Oyseuse*, noble pucelle moult grant et belle, aux cheveux blons que couvre un chappel de roses tout frais, qui a nulle riens, fors seulement de penser à son aornement ; » et entre dans ce « vergier, lieu delictable, vray paradis terrestre, où sont mille oiseaulx aux chants mélodieux »; il ne se lasse point de regarder ces lieux enchanteurs (1);

(1) « Une rivière, une fontaine, un pin, quelques fleurs ; un verger formé par des arbres fruitiers et à haute tige, voilà donc, dit Legrand d'Aussy, ce qui constituait un jardin merveilleux et jusqu'où pouvait aller en ce genre l'imagination d'un poète. Tels sont à peu près dans Homère les jardins d'Alcinoüs. C'est la simplicité des temps antiques, où l'on ne connaissait encore que les beautés de la nature, où l'on préférait l'utilité au faste, et où l'on ne cherchait enfin dans ces lieux d'agrément que la fraîcheur, de l'ombre et des fruits.

« Nos anciens romans et fabliaux offrent beaucoup de descriptions semblables, entre autres, le *Roman de Claris*, le fabliau du *Paradis d'Amour*, etc. » (III, 120.)

il fait quelques pas et voit venir à lui *Courtoysie*, qui l'invite à prendre part aux danses où sont *harpeurs, fleuteurs* et *jongleurs*, qui font danser et caroller une nombreuse et brillante compagnie à laquelle il se joint.

Guillaume aperçoit d'abord le *Dieu d'Amours*, qui était près d'une dame de *hault pris*, nommée *Beauté*, si belle qu'elle n'a pas sa pareille au monde. Il ne peut en détacher ses regards qui sans cesse et malgré lui se dirigent vers elle. Une grande joie remplit son cœur. — Puis, il voit d'autres belles dames de « grant hauteur, de grant pris et de grant affaire » ayant noms : *Richesse, Largesse, Franchise, Courtoysie* et *Belle Oyseuse*.

> Ainsy caroloient illecques
> Tous ces gens et d'autres avecques
> Qui estoient de leur mesgnée
> Bonne gent et bien enseignée,
> Et gens de bel gouvernement,
> Estoient tous communément,

Le cœur livré aux doux pensers, notre amant-poète se met à parcourir le vergier ; il admire la fontaine d'amour dont l'eau de cristal est comme un miroir et qui reflète tout ce qui passe dans le jardin de quelque côté qu'on regarde. A l'exemple du beau Narcisse dont il lit et raconte l'histoire écrite sur une pierre de marbre près de ladite fontaine (1), Guillaume s'incline et regarde l'eau :

> De male mort m'y suis miré
> J'en ay depuis moult souspiré :

(1) On connaît la fable de Narcisse se mirant dans une fontaine et devenant amoureux de son image. — Nous renvoyons pour les détails aux Dictionnaires historiques et biographiques.

Un trouvère du XIIIe siècle, composa un *lay* sous le titre de *Narcisus*, imité d'Ovide et d'une cantilène provençale (*Histoire littéraire de la France*, XIX, 761. — Legrand d'Aussy, III, 181.)

Malfilâtre dans son poème de *Narcisse* ou *l'Ile de Vénus*, a décrit lon-

> Au miroir entre mille choses
> Choisy rosiers chargés de roses
> Qui estoient en ung detour
> Clos d'une haye tout entour.

Il s'y dirige ; là, est un grand *monceaulx de roses* si belles que la pensée lui vient d'en cueillir une *vermeille et fine* qui exhale une *oudeur* qui parfume l'air. — Mais au moment où il avance la main pour accomplir ce désir, soudain apparaît le *Dieu d'Amours* qui, l'épiant caché derrière un figuier, lui décoche successivement à l'oreille, à l'œil et au cœur plusieurs flèches.

Ainsi blessé et meurtri, l'amant se rend au *Dieu d'Amours* qui le reçoit à merci et lui donne le baiser de vasselage (1), puis prend dans son aumônière « une petite clef bien faicte qui fut de fin or esméré, » touche au côté gauche de l'amant et ferme son cœur si doucement qu'à grand peine il sentit la clef ; et cela fait, il lui enseigne les lois que doit connaître tout vrai poursuivant d'amour.

Fuir vilenie, ne mal parler de son prochain ; être sage et affable aux gens, grands et petits ; saluer le premier,

guement les amours de la nymphe Echo et du beau Narcisse et l'épisode de la fontaine.

(1) « Rappelons ici la note 1, page 13, et ajoutons que dans l'*Histoire littéraire des Troubadours*, on voit Elise de Montfort, femme de Guill. de Gordon, prendre pour son chevalier Raymond Jordan, vicomte de Saint-Antoni en Querci : « homme de belle figure, généreux, vaillant en armes, faisant bien les vers et l'amour. » Elle reçut son hommage, se donna à lui en l'embrassant, et tira de son doigt un anneau qui devait lui servir de gage et de sûreté.

« Il y avait donc, dit l'abbé Millot, une espèce de cérémonie pour l'adoption d'un amant. Les engagements de l'amour comme ceux de la chevalerie, paraissaient sacrés, du moins aux regards de l'enthousiasme. De là, l'idée de s'en faire délier par un prêtre lorsque la passion ne subsistait plus. » (II, 39, 320.)

éviter les vilains propos qui ne sont pas d'homme courtois, honorer et servir les dames et faire à leur plaisir ; blâmer et faire taire ceux qui vont les *déprisant*, fuir orgueil qui ne sied à celui qui aime sincèrement (1).

Puis viennent les leçons sur l'habillement, dont l'importance n'échappera à personne puisqu'elles établissent, ainsi que le baiser féodal, etc., que l'auteur du *Roman de la Rose*, était d'origine noble. — En effet, et vu l'époque où vivait Guillaume de Lory, de semblables préceptes ne pouvaient convenir qu'à la caste privilégiée ; ils ne se comprendraient point dans le cas contraire.

. . . .
De vestement et de chaussure
Selon ta rente, ta mesure
Bien te dy que bel vestement
A l'homme siet honnestement.

. . . .
Souliers à latz, aussi houseaulx
Ayes souvent frès et nouveaulx;

(1) Toutes ces qualités sont celles qui, d'après l'*Ordre de la Chevalerie*, le *Jouvencel*, etc.. étaient exigées de celui qui se présentait pour être reçu chevalier. (Sainte-Palaye, Millot, etc.)

Dans la *Chronique de Saintré*, la dame des Belles-Cousines consacre de longs chapitres pour expliquer au *petit Jehan*, tous ces vilains péchés et les moyens de n'y pas tomber. — De même, elle l'instruit sur la manière de s'habiller et sur la propreté du corps. — Les rapprochements qu'on peut faire entre les enseignements de la dame des Belles-Cousines et ceux du Dieu-d'Amours sont frappants. Ils font croire qu'Antoine de la Salle, auteur de la *Chronique de Saintré*, avait lu le *Roman de la Rose*.

Du reste, tous ces détails sur l'amour, la conduite du chevalier, la propreté, l'habillement, en un mot, ce qui constituait la vie des nobles en ce temps-là, se trouvent exposés d'une manière très-complète dans les poésies d'Amanieu des Escas et d'Arnaud de Marsans, troubadours qui vivaient au XIIIe siècle, (V. Sainte-Palaye.)

Et qu'ils soient beaulx et fetis,
Ne trop larges, ne trop petis,
De *gans* et de *bourse de soye*
Et de *ceinture* te cointoye :
Et si tu as si grant richesse
Que faire ne puisse largesse.
Tout au plus bel te dois conduire
Que tu pourras sans toy destruire :
Chappel de fleurs que moult peu couste
Ou de roses de Penthecouste
Peux-tu bien sur ton chief avoir
Il n'y convient pas grant avoir (1).

. . . .

Et celles sur la propreté du corps :

. . . .

Ne souffre sur toy nulle ordure :
Lave tes mains et tes dens cure,
S'en tes ongles a point de noir,
Ne lui laisse pas remanoir.

(1) La *ceinture* formait une partie importante du vêtement au moyen-âge. Cet ornement réservé à la seule noblesse fut interdit aux bourgeois par l'ordonnance de 1274. Un arrêt du Parlement de 1420, défendait aux prostituées de porter *ceinture dorée*, mais elles éludèrent ce réglement. De là, le proverbe *bonne renommée vaut mieux que ceinture dorée*.

Les *gants*, la *bourse* ou *aumonière de soie*, les *chapels de fleurs*, que nous voyons jouer un si grand rôle dans la féodalité ; le vair, l'hermine, l'or, le damas, le satin, le velours étaient choses réservées exclusivement à la noblesse. (Sainte-Palaye, la Colombière, Enciclop. Cavall., etc.)

Les vers ci-dessus rapportés renseignent donc suffisamment sur la condition de Guill. de Lory. Est-ce que le président Fauchet serait du nombre de ceux qui ont parlé du *Roman de la Rose* sans l'avoir lu ?

Telle est la question que nous nous posons, en voyant cet historien « asseurer qu'on ne peult dire de quel estat estoit Guillaume de Lorris.»

Tous ceux qui se sont occupés du *Roman de la Rose*, ont lu et reproduit ces vers sans en remarquer l'importance.

Tiens-toy bien net, tes cheveulx peigne ;
Mais ne te farde ne te guigne :
Telles choses ne font si non
Gens folz et de mauvais renom.

. . . .

Le véritable amant doit être gai, de bonne humeur, toujours disposé à la joie et au plaisir :

Amour n'a cure d'homme mourne

caracoler souvent, faire *appertises d'armes ;* chanter, flûter, vieler, danser, *car bachelier en amour par ce se puet moult avancier ;* fuir avarice, mais, au contraire, donner largement.

Enfin le *Dieu d'Amours* termine par une instruction sur les entrevues et rendez-vous ; recommande à l'amant d'avoir beaucoup de retenue, de ne pas faire connaître sa dame ; penser la nuit à elle ; aller à son « hostel » par pluie ou par gelée et tâcher, en s'assurant que personne n'est là qui écoute, *qu'elle l'oye bien doulouser,* de façon qu'elle ne puisse dormir mais qu'elle ait enfin *pitié de celluy qui endure tel mal pour elle.*

Après ce long exposé qui ne comprend pas moins de cinq cents vers, le *Dieu d'Amours* abandonne l'amant-poète. Ce dernier se dirige vers les roses qu'il désirait sur toutes choses, et avec la permission de *Bel-Accueil,* il tend la main vers le bouton qui *mieulx est odorant.* A cet instant arrive *Dangier, closier* ou gardien des rosiers, qui ce voyant, répand l'alarme et fait venir d'autres vilains *compaignons, Malebouche, Honte, Peur,* qui chassent l'amant hors du vergier et grondent *Bel-Accueil.*

— *Raison,* de Dieu aimée, s'approche de l'amant et le tance d'importance d'avoir osé toucher aux roses ; mais peine perdue, la Raison en est pour ses frais d'éloquence, l'amant persiste plus que jamais dans son désir d'avoir le précieux bouton. Il lui vient alors en *remembrance* les conseils du *Dieu d'Amours;* et un nouveau *compaignon : Amis* qui *doulcement* le réconforte lui dit d'aller voir Dangier, le gardien des roses qui, lorsqu'on le flatte, sait s'apitoyer.

— L'amant suit ce conseil. Il s'approche de Dangier près de qui intercèdent déjà *Pitié* et *Franchise*, pour celui qui *d'aimer est en tourment.*

Ici, reparaît *Bel-Accueil* qui « maine l'amant joyeusement au vergier pour voir la rose qui lui fust doulcereuse chose. »

> Comme jeuz la rose approuchée
> Ung pou l'a trouvay engrossée,
> Et congneu quelle estoit plus creue
> Que quant au premier je l'euz veue,
>
> . . . .
>
> Elle fust lors, Dieu l'a benye
> Assez plus belle qu'espanye,
> Plus gracieuse et plus vermeille :
> Moult m'esbahy de la merveille.

L'amant demande à « son très doulx amy Bel-Accueil, s'il luy plaist qu'il *la* baise. »

Bel-Accueil :

> Je n'ose pour Chasteté
> Vers qui ne vouldroye mesprendre
> Elle me seult tousiours deffendre
> Que du *baisier* congié ne donne
> A nul amant qui m'en sermonne ;
> Car qui a baisier peut attaindre
> A paine peut à tant remaindre.
> *Et sachiés a qui l'on ottroye*
> *Le baisier, il a de la proye.*

Le mieulx et le plus advenant
Et avec ce le remenant (1).

Ainsi refusé, Guillaume tout chagrin, allait quitter et les roses et les rosiers, lorsque bien à propos pour lui vient à son aide Vénus qui « tousiours guerroye chasteté et qui nuyt et jour souvent emble boutons et roses tout ensemble. »

— « Pourquoy, dit la mère des Amours à Bel-Accueil, pourquoi vous faistes-vous vers cet amant si dangereux, d'avoir ung baisier amoureux ? »

— Bel-Accueil ne peut résister à cette prière et « ottroye à l'amant un baisier en don. »

Guillaume ne se sent plus d'aise ; il est tout joyeux ; voyez comme il manifeste son bonheur :

> Ung baisier doulx et savouré
> Ay de la Rose prins
> Dont de joye fuz moult surprins ;
> Car une oudeur m'entra au corps,
> Qui en a trait la douleur hors
> Et adoulcit le mal d'aymer (2).

(1) La Fontaine qui lisait et relisait le *Roman de la Rose*, a dit dans son conte des *Rémois* :

> Bien est-il vrai qu'en rencontre pareille
> Simples baisers font craindre le surplus.

(2)
> Or, il obtint de cette belle
> Un prix qu'il méritait si bien
> Il eut un doux baiser de celle
> Dont il n'avait eu jamais rien.
>
> (Millevoye, l'*Amour vrai.*)

> J'ai savouré la fraîcheur
> De ses lèvres demi-closes :
> Sa bouche avait la couleur,
> Son haleine avait l'odeur
> Et le doux parfum des roses.
>
> (Chaulieu, *Jouissance.*)

On remarquera ici qu'il n'est plus question de roses et de rosiers, mais bien d'un baiser donné par la femme que Guillaume chante et qui fait — *bel-accueil,* — accepte son amour.

Nos deux amants ont eu, à leur insu, des témoins de leur bonheur ; les vilains personnages : Male-Bouche, Honte, Jalousie, etc., viennent troubler le doux tête-à-tête, tancent Bel-Accueil d'avoir cédé à cet amour. Celui-ci, ou pour être exact, *celle-ci,* toute honteuse s'enfuit pour se cacher, mais pas si bien, qu'elle ne soit bientôt rejointe par Male-Bouche et ses *compaignons,* qui la conduisent dans une tour sise au milieu du jardin. C'est-à-dire que les parents de la jeune fille lui ôtent tous moyens pour voir celui qu'elle aime.

Et pendant ce, que devient Guillaume ? — Chassé du vergier, il est désespéré, sa douleur est indescriptible : il a la mort dans l'âme. Que vous iroye devisant, dit-il :

> Que vous iroye devisant ?
> Je resemble à ung paisant
> Qui jecte en terre sa semence :
> Si a grant joye quant commence
> A estre belle et drue en erbe ;
> Mais ainçois qu'il en cueille gerbe,
> L'empire, dégaste et moult grève
> Une male nyeule qui lève ;
> Et fait le grain dedans mourir,
> Quant les espitz doivent florir :
> L'espérance lui est tollüe,
> Laquelle trop tost il avoit eüe.
> Ainsy, crains-je, sans que vous mente,
> Perdre l'espérance et l'atente
> Qu'amours m'avoit tant avancé,
> Et que j'avoye commencé
> A dire ma grant priveté
> A Bel-Accueil, qui apresté
> Estoit de recevoir mes jeux.
> Mais Amours est si courageux,

Qu'il me tollit tout en une heure,
Quant je cuydoye est au desseure.

Je n'euz bien ne joye oncques puis
Que Bel-Accueil fut en prison ;
Car ma joye et ma garison
Qui est dedans le mur enclose,
Et tout en luy et en la Rose.
De la conviendra-il qu'il ysse,
Se amours veult que je garisse ,
Car jà d'ailleurs je ne guerroye
Honneur, santé, ne bien, ne joye.

Ha ! Bel-Accueil, je sçay de voir
Qu'ils tendent à vous decevoir,
Et faire tant par leur flavelle
Qu'ils vous traient à leur cordelle.
Si croy qu'ilz ont ainsy jà fait ;
La vérité n'en scay de fait
Mais mallement suis esmayez ;
Que entr'oublie ne m'ayez.
Se je perds vostre bien-veillance,
Jamais n'auray ailleurs fiance ;
Et si je l'ay perdue, j'espoir
A peu que je ne m'en desespoir.

Avec ce dernier vers se termine la partie du roman attribuée à Guillaume de Lory. et aussi notre rapide et succincte analyse de cette œuvre qui est restée comme un des plus curieux et importants monuments de notre ancienne littérature.

Le *Roman de la Rose*, admiré et censuré outre mesure (1), a été l'objet de mille interprétations.

(1) Jean de Monstreuil, secrétaire de Charles VI, fut un admirateur passionné du *Roman de la Rose*, appelé, dit-il, à une si grande et si durable célébrité ; — Marot a donné le surnom d'*Ennius* à G. de Lory ;

Dès 1503, on voit Jean Molinet le présenter comme un livre de piété et de morale.

> « C'est le *Roman de la Rose*
> Moralisé cler et net
> Translaté de vers en prose
> Par vostre humble Molinet. »

Et après lui, en 1527, Clément Marot affirmer que par la *Rose*, Guillaume de Lory, avait entendu parler de l'état de sapience, de grâce, de la glorieuse vierge Marie et de la béatitude céleste (1).

— Pasquier a loué les moelleuses sentences et les belles locutions qui se lisent dans ce roman, et mit J. de Meung en parallèle avec Dante et au-dessus des autres poètes de l'Italie : et avec Duchesne, il a défié les anciens et les modernes de faire d'aussi belles descriptions que celles qu'on lit dans la partie composée par Guillaume.

Enfin J. le Maire de Belges, J. Bouchet, A. Thevet, Baillet ont apprécié le mérite du roman ; ce dernier a considéré son premier auteur comme le meilleur poète du XIIIe siècle.

D'autre part, Pétrarque a jugé sévèrement cette œuvre importante. Gerson, chancelier et une des lumières de l'Université, a qui on attribue l'*Imitation*, fut effrayé du danger que pouvait produire la lecture du *Roman de la Rose* et composa un traité spécial pour en combattre la funeste influence ; — La douce Christine de Pisan, se courrouça aussi contre les deux auteurs de notre roman et prit la défense de son sexe si maltraité par Clopinel. Enfin, Martin Franc, secrétaire du pape Félix V, composa dans le même but le *Champion des Dames*, qu'il dédia à Philippe le Bon, duc de Bourgogne.

Il n'est pas inutile de faire remarquer que ces critiques visent bien plus la partie du roman composée par J. de Meung, que celle faite par G. de Lory.

(1) Cette explication du *Roman de la Rose*, a été acceptée et reproduite par Ph. de la Madelaine :

« Les commentateurs se sont efforcés d'expliquer l'allégorie qui se cache sous la Rose : les uns y ont vu un traité d'alchimie, les autres

Plusieurs commentateurs ont considéré ce roman comme une imitation de l'*Art d'aimer* d'Ovide ; ou comme un songe dont le principal sujet est l'amour.

Un autre, étudiant cette intéressante question à un point de vue entièrement nouveau, a prétendu que le *Roman de la Rose* n'était qu'une composition d'essence albigeoise, destinée à propager sous le voile de l'allégorie, les doctrines de ces sectaires (1).

Enfin, un grand nombre ont pensé, avec plus d'apparence de raison, que Guillaume de Lory, avait voulu simplement chanter la femme qu'il aimait. Ainsi l'a exprimé le poète Baïf, contemporain de Marot, dans un sonnet adressé à Charles IX :

> Sire, sous le discours d'un songe imaginé
> Dedans ce vieux roman vous trouverez déduite

un livre de morale. *Marot donne son opinion, qui paraît être la meilleure.* La Rose, selon lui, c'est l'état de grâce, ou la Vierge Marie, ou l'éternelle béatitude... » (l'Orléanais, p. 73)

Le dernier éditeur du *Roman*, donne la glose suivante sur le 1er chapitre de son analyse :

« Comme nous l'avons dit plus haut, en ce roman tout est allégorique. L'*Amant* a vingt ans, le printemps pour nous. La grande plaine, c'est le *Monde* ; la rivière, c'est la *Vie* ; qui s'épanche à son début au milieu de la verdure et des fleurs. En un mot, la jeunesse est le plus beau moment de l'existence. Sans soucis et sans inquiétude, l'*Amant* voit couler ses jours. » (I, XXXII-III.)

Ces interprétations, que nous ne commenterons pas, nous rappellent le vieux Chapelain qui, expliquant le Mystère de son poème *la Pucelle* : veut que *la France* représente *l'âme de l'homme* ; le roi *Charles la volonté* ; l'*Anglais* et le *Bourguignon* l'*appétit irascible* ; *Amaury et Agnès,* l'un favori et l'autre amante du prince, l'*appétit concupiscible ; Dunois la vertu ; Tanneguy* l'entendement ; la *Pucelle* la *grâce divine* etc. (La Harpe, *Cours de littér.* IV. p. 253-4. Éd. 1813).

(1) V. *Appendice* VI.

D'un amant désireux la pénible poursuite,
Contre mille travaux en sa flamme obstiné.

Par avant que venir à son bien destiné
Mallebouche et Dangier tâchent le mettre en fuite
A la fin Bel-Accueil en prenant la conduite
Le loge après l'avoir longuement cheminé.

L'amant, dans le verger, pour loyer des traverses
Qu'il passe constamment, souffrant peines diverses
Cueil du rosier fleuri le bouton précieux.

Sire, c'est le sujet du *Roman de la Rose*,
Ou d'amours épineux la poursuite est enclose ;
La Rose, c'est d'amour le guerdon précieux.

Cette opinion est la nôtre ; elle nous paraît fondée, car elle rentre tout-à-fait dans l'ordre naturel des choses. En dehors du roman qui fournit les éléments d'une argumentation sérieuse, cette explication de l'œuvre de notre poète a encore pour elle, on ne saurait trop le faire remarquer, les mœurs de ces siècles galants et chevaleresques où, depuis le page jusqu'au chevalier, on voit tout le monde se mêler d'aimer et de chanter ses amours dans des pièces de vers, en y employant le plus souvent le voile de l'allégorie, et cela, pour mille raisons.

Nous croyons avec Fauchet, Baïf, Duchesne, etc, que telle est l'interprétation exacte du roman et l'avoir suffisamment démontré dans les pages qui précèdent.

Nous nous sommes bien souvent demandé à quelle famille pouvait appartenir celle que Guillaume de Lory, ne nous a fait connaître que sous le nom allégorique de *Rose*.

Moins heureuse en cela, que la femme chantée par le roi de Navarre, que la *Dame des Belles-Cousines de la Chronique du Petit Jehan de Saintré*, et tant d'autres, dont les commentateurs se sont occupés, notre *Rose*, n'a été le sujet d'aucune étude historique.

Appartenait-elle à une des anciennes familles nobles de notre province ? — Où nous faut-il chercher parmi les damoiselles de *haut lignage*, qui prenaient part aux chasses royales dans la grande *forêt aux loges* et que notre poète aura pu rencontrer soit à Neuville, soit à Courcy, où tous autres rendez-vous et séjours de la cour en ces circonstances ? — Où encore parmi celles qui faisaient partie de l'hôtel de la comtesse de Poitiers ?

Quoi qu'il en soit, nous croyons que Guillaume s'unit par mariage à cette *Rose* qu'il aimait si ardemment, et cela, à l'époque même où il composait son roman; c'est-à-dire à l'âge de 28 ou 30 ans. Il nous répugne d'admettre que notre gentil et délicat poète, marié, ait osé chanter dans un poëme aussi long et avec les détails amoureux et passionnés que nous connaissons, une autre femme que celle qui fut la sienne. Cette situation expliquerait même jusqu'à un certain point, pourquoi l'œuvre du poète nous est parvenue inachevée et avec les fautes et les négligences qui résultent d'un premier travail.

Que désirait Guillaume de Lory ? — Amoureux d'une gentille damoiselle, il ne demandait que d'en faire sa compagne. Il y arriva, mais non sans peine et seulement après avoir convaincu sa mie qu'elle régnait réellement sur son cœur. Le roman fut entrepris dans ce but. Une fois atteint, le feu poétique qui animait notre amoureux chevalier, se ralentit peu à peu sur ce point pour se porter, sans doute, sur d'autres sujets (1).

(1) Serait-ce s'aventurer que de faire Guillaume de Lory, auteur de quelques-unes des compositions chevaleresques et satiriques de ce temps qui nous sont parvenues sans nom d'auteur ? — Par exemple de *la Farce de maistre Pierre Pathelin*, ce chef-d'œuvre du genre, la farce par excellence que Pasquier oppose à toutes les comédies grecques, latines et italiennes. — « Si, dit M. de Tressan, l'on compare cette pièce — quant au ton et à l'invention — au commencement du *Roman de la Rose*, on sera bien tenté d'attribuer l'un et l'autre au même

Cependant, le poète n'abandonna pas complétement son œuvre, les vers qui font mention de Charles d'Anjou, de Conradin et d'Henri d'Espagne, prouvent qu'il la reprit à de longs intervalles, il est vrai, et qu'il s'en occupa jusqu'à ses derniers moments; et, si *plus n'en fist, c'est pour ce qu'il ne voll ou pour ce qu'il ne pot*, dirons-nous avec l'ancienne leçon du roman déjà citée.

Ici, le *Roman de la Rose* cesse de nous renseigner et l'histoire va nous venir en aide pour terminer cette biographie.

Nous sommes en 1247, des nouvelles alarmantes sont parvenues d'outre-mer. On dit que les chrétiens de la Terre-Sainte éprouvent désastres sur désastres, qu'Ascalon, Jérusalem et toute la Palestine sont au pouvoir du Soudan d'Egypte.

Ces nouvelles sont malheureusement vraies. Un Parlement est convoqué à cet effet par le roi Louis alors malade et qui fait vœu de prendre la croix. Son exemple est imité par ses frères et par tous les barons du royaume. La Croisade est décidée et bientôt publiée. Des placards de la bulle qui l'annonce, translatée de *latin* en *françois* et en bien grand nombre, sont mis aux portes des églises et à tous les carrefours des villes et des cités. Partout chevauchent les messagers royaux qui invitent les feudataires à passer outre-mer.

La Noblesse Orléanaise s'empresse de répondre à cet appel. Et bientôt on n'entend plus dans les castels de notre province, que bruits d'armes et préparatifs de guerre. Ici, on fourbit les longues épées de combats, les haches d'armes et les fers des lances. Là, on polit les cottes de mailles, les heaumes, les casques et les écus de guerre ; « pendant

auteur, n'en connaissant] aucun de ce temps dont il reste des ouvrages aussi naturels, élégants pour leur siècle, et marqués, de même au sceau du goût et du génie. » (Bibl. Univ. des Romans. Fév — Mars 1779.)

ce tems, les barons et les chevaliers s'envoyent messaiges et lectres pour accorder d'aler ensemble et s'entremandent le tems du partement et le chemin qu'ils tiendront. »

De leur côté, les châtelaines et les damoiselles préparent les écharpes, les bannières, les banderoles, les pennons de pourpre et de soie, les escarcelles et les aumonières, symboles des lointains voyages. »

Les palefrois et les destriers sont appareillés, les tentes, les pavillons et les armes chargés. Le moment du départ est arrivé.

Se mettent en marche pour se rendre auprès du roi et aller avec lui guerroyer contre les Infidèles :

Monseigneur l'évêque d'Orléans, Guillaume de Bussy et ses vassaux : Les sires d'Aschères et Rougemont, du Chéray, de Sully et d'Yèvre-le-Chatel ; Simon de Beaugency ; les sires de Corvou et du Mez en Gâtinais ; Guillaume de Courtenay, sire de Champignelles ; Philippe et Pierre de Courtenay ; trois frères de la maison de Montigny ; Jean d'Orléans, sire de Cléry, chevalier banneret ; Thibault de Montléard, grand-maître des arbalétriers de France, surnommé *ly bons chevaliers* pour ses faits d'armes ;

Les comtes de Blois, de Dreux, de Vendôme ; le vicomte de Châteaudun ; le vidame de Chartres ; les sires de Menou, de Moutiers, de Vampillon, de Friaise, de Voisins, chevaliers chartrains.

Nous ne ferons pas l'historique de cette croisade qui commença par la prise de Damiette, où furent accomplis de beaux faits d'armes, et se termina par le désastre de Mansourah qui entraîna la captivité du roi et de son armée.

Tous les chevaliers orléanais ne revinrent pas d'outre-mer ; les comtes de Dreux, de Vendôme, le sire d'Yèvre moururent de la peste en l'Ile de Chypre, Jean d'Orléans se noya au passage du Tanis ; Philippe et Pierre de Courtenay, le sire de Friaise et bien d'autres trouvèrent une mort glorieuse en combattant. — Il y eut « grans douleurs, grans

pleurs et grans cris » dans les donjons et les castels de
l'Orléanais quand il y vint nouvelle du *trespassement* de ces
chevaliers.

Guillaume de Lory, de l'*hôtel* du comte de Poitiers, suivit
ce prince à la croisade et arriva avec lui à Damiette en
octobre 1249, après la prise de cette ville par saint Louis.
Et à côté d'Alfonse, il prit part à la malheureuse jour-
née de Mansourah et aux nombreux combats qui sui-
virent, notamment à celui livré le 11 février 1250, où le
comte de Poitiers faillit être fait prisonnier par les Infidèles.

En 1250, il revint en France avec ce prince auquel il
resta constamment attaché. Dans son testament daté de
l'an 1270, deux ou trois ans après la mort de Guillaume,
Alfonse, en souvenir de son fidèle chevalier, légua une
rente annuelle de dix livres tournois *aux hoirs de feu Guillaume de Lorriz* (1).

---

(1) Le testament du comte Alfonse fait partie des Archives Nationales, classé 1er carton des Rois, k 33, n° 14. C'est un parchemin qui
mesure 80 c. de hauteur sur 62 c. de largeur ; il a subi les injures du
temps et est déchiré à gauche à partir de la 42e ligne jusqu'à la fin en
s'étendant presqu'au quart de la feuille.

Il est rédigé en français et comprend 117 lignes à écriture fine et
serrée et souvent illisible. C'est à la 7e ligne que se lit la mention :
aux hoirs feu Guill. de Lorriz diz livres de rente tn. ou *poct.* »

A ce testament est joint un codicille également en français daté de
Meschines (Messine) le samedi veille de la Pentecote 1271, qui modifie
quelques clauses générales du testament.

Ces deux documents sont scellés le premier d'un grand sceau en cire
verte sur lacs de soie verte sur lequel on lit : *Alfonsus filius R... cs.
Pict. et Tholos.* Ce prince y est représenté à cheval le casque en tête
tenant l'épée haute de la main droite, de la gauche son bouclier chargé
des armes de Toulouse : de gueules à la croix cléchée, vidée et
pommetée d'or ; le cheval bardé et caparaçonné aux armes de France et

Hubert nous apprend que Guillaume fut marié, — sans cependant nous renseigner sur le nom et la famille de cette dame, — et qu'il eut de cette union :

« 1º Jehan de Lorry, chevalier, capitaine-gouverneur de « la Tour-Neuve d'Orléans en 1302 (1).

« 2º Et Estienne de Lorry, conseiller d'église au Parie- « ment de Paris en 1312 et prévost de Solongue en l'église « de Saint-Aignan. »

De ce qui précède, il résulterait donc que Guillaume, « fils d'Adam de Lorry, *puisné* de la maison des seigneurs de Lorrys (ou Loury), *nepveu* de Guillaume de Lorris, chanoine de Saint-Aignan ès années *1221* et *1235*, *frère* d'Eudes de Lorris qui estoit chevecier en l'église d'Orléans ès année 1250 et peut estre auparavant et en 1258 conseiller au Parlement. » (Hubert, lieu cité), né vers 1215, fut placé en l'hôtel du comte Alfonse pour y recevoir l'éducation alors affectée à la jeune noblesse ; et qu'en 1235, à l'âge de 20 ans, il aurait vu, pour la première fois, celle qu'il devait, cinq ans après (en 1240), nous faire connaître, sous le nom allégorique de *Rose*, lorsqu'il composa son roman qu'il délaissa et reprit à de longs intervalles.

C'est vers 1245, que notre poète *chevalier* se serait marié. A cette date, il figure dans un compte de dépenses de l'hôtel d'Alfonse. Il suivit ce prince à la croisade en 1248 et mourut vers 1267-8.

Or, c'est vers cette époque que naquit Jean de Meung. La preuve s'en tire du passage du roman, où il nous repré-

de Toulouse ; — Le contre-scel chargé seulement de la croix de Tou- louse sans inscription.

Le codicille est scellé de 3 sceaux comme ci-dessus, un en soie rouge et deux en soie verte.

(1) Le mot *capitaine* équivaut à celui de *gouverneur*, dit Beauvais de Préau. Cet auteur qui fait mention d'un Jean de Lorris comme prévôt d'Orléans en 1261, ne commence la liste des gouverneurs de la Ville, Cité et Tour-Neuve d'Orléans qu'en 1368.

sente Guillaume en *péril de morir et lui Jehan Clopinel qui est à naistre aura le rommant si chier qu'il le vouldra tout parfournir si-tost com il istra d'enfance* (1). En faisant remonter à 1265-6 la naissance de ce dernier, on se rapproche beaucoup de la vraie date. Cet auteur se livra à l'étude de bonne heure ; *entendoit bien le latin,* ainsi qu'il le dit lui-même ; à 18 ou 20 ans, il traduisit, *translata de latin en françois,* le livre de « Chevalerie de Végèce. » Puis continua à faire et composer maints *dits* joyeux, pour en 1303-4, âgé de 38 ou 39 ans, entreprendre sur l'ordre de Philippe le Bel, la continuation du *Roman de la Rose.*

Il ne nous reste plus que quelques mots à dire.

Guillaume de Lory « avait la plus grande partie des qua-lités qui forment le poète, un esprit agréable, une ima-gination vive, beaucoup d'invention et de fécondité. Il con-naissait le pouvoir et les charmes de la fiction si peu connus des poètes ses contemporains. » — « Talent gra-cieux et facile, subtil dans la forme, naïf dans l'esprit », plusieurs de ses descriptions, entre autres celles du Prin-temps et du Temps, sont charmantes et dignes des plus belles idylles des poètes de l'antiquité.

(1) C'est-à-dire que lisant, encore jeune, le *Roman de la Rose,* la pensée lui vint de reprendre et d'étendre l'œuvre de G. de Lory. — Mais, avant de ce faire, il lui faut lire beaucoup d'ouvrages, prendre des notes, enfin acquérir la somme des connaissances dont il fait preuve dans le roman.

Nous avons pensé un instant avec Hubert, que les familles de Loury et de Meung avaient été unies par des liens de parenté, et cela pouvait expliquer comment le roman était venu à la connaissance de Clopinel. Mais nous avons dû abandonner cette hypothèse qui, du reste, ne repose sur rien de bien précis.

Nous nous proposons, dans un travail historique et biographique, qui complétera celui sur G. de Lory et le *Roman de la Rose,* de revoir et étudier les textes qui concernent Clopinel, et de chercher à élucider plusieurs faits importants de la vie de ce célèbre personnage.

Le roman d'amour du doux et sentimental Guillaume se transforma en *satire ménippée* sous la plume de Clopinel, moins poète mais plus savant que son devancier. Et cette œuvre collective, véritable encyclopédie du moyen âge où, d'après Duchesne, toutes les connaissances humaines se trouvent exposées et traitées, devint le « grand magasin de galanterie » où puisèrent et s'inspirèrent un grand nombre de poètes et d'auteurs.

Geoffroy Chaucer, « le poète, l'ami et l'allié du roi Henri VI d'Angleterre », dans *The Romant of the Ross*, « traduisit entièrement la partie du poème qui revient à G. de Lory, c'est-à-dire la description du Vergier de Déduit, des images qui en décorent l'enceinte, le portrait des habitants, l'introduction de l'amant par dame Oyseuse, son désespoir auprès de la tour gardée par Jalousie. »

Charles d'Orléans en affectionnait la lecture, « toute sa poésie n'est que l'écho harmonieux du *Roman de la Rose*. »

Villon, contemporain de Marot, avait à la pensée ces vers de Clopinel où la satire est répandue à pleine main contre les puissants de la terre :

> De leur mort plus que d'ung autre homme,
> Car leur corps ne vault une pomme
> Oultre le corps d'un charuyer (charretier) ;
> Ou d'ung clerc ou d'ung escuyer :
> Car je les fais semblables estre,
> Si come il appert à leur naistre :
> Por moy naissent semblables nudz,
> Fors et faibles, gros et menuz ;
> Tous les mets en égalité
> Quant à l'estat d'humanité.

Villon, disons-nous, avait ces vers à la pensée, lorsqu'il composa ceux ci-après restés célèbres :

> Quand je considère ces têtes

Entassées en ces charniers (1)
Tous furent maistres des requêtes
Ou tous de la chambre aux deniers
Ou tous furent porte-paniers (portefaix)
Autant puis l'un que l'autre dire
Car d'évêques où lanterniers
Je n'y connois rien à redire
Et icelles qui s'inclinoient
Une contre autres en leurs vies ;
Desquelles les unes regnoient,
Des autres craintes et asservies ;
Là les vois, toutes assouvies
Ensemble en un tas pêle-mêle.
Seigneuries leur sont ravies :
Clerc ni maistre ne s'y appelle.

Octavien de Saint Gelais, évêque d'Angoulême, composa en 1491, un ouvrage en vers sous le titre de *Chasse du Dieu d'Amour*, dans lequel on revoit Beauté, Plaisant-Regard, Déduit, Bel-Accueil, etc. C'est à proprement parler le calque de l'œuvre des deux poètes orléanais, comme il appert de l'analyse qui en a été faite par Sainte-Palaye dans le 3ᵉ volume de ses *Mémoires sur l'Ancienne Chevalerie*.

L'auteur de Gargantua, le joyeux curé de Meudon, Rabelais ainsi que Ronsard, y trouvèrent maintes choses dont ils firent leur profit. A coup sûr, ce dernier avait sous la main le *Roman de la Rose*, lorsqu'il composa ces vers d'une mélodie si suave et d'un goût si exquis :

Mignonne, allons voir si la rose
Qui ce matin avoit desclose

(1) « Lieu où l'on entassait les ossements. Ces ossuaires étaient quelquefois ornés de sculptures et entre autres de la danse des morts. Un des plus célèbres *charniers* était celui des Innocents à Paris. » (Chéruel. *Dictionnaire.*)

Sa robe de pourpre au soleil,
A point perdu ceste vesprée.
Les plis de sa robe pourprée
Et son teint au vostre pareil.

Là ! voyez comme en peu d'espace,
Mignonne, elle a dessus la place,
Las, las, ses beautez laissé cheoir !
O vrayement, marastre nature,
Puisqu'une telle fleur ne dure
Que du matin jusques au soir.

Donc, si vous me croyez, Mignonne,
Tandis que vostre âge fleuronne
En sa plus verte nouveauté,
Cueillez, cueillez vostre jeunesse.
Comme à ceste fleur, la vieillesse,
Fera ternir vostre beauté !...

N'est-ce pas à lire l'œuvre de G. de Lory et de J. de Meung, que Malherbe trouva ses inspirations pour composer l'ode qu'il adressa à son ami du Perrier sur la mort de sa fille ?

Elle étoit de ce monde ou les plus belles choses
    Ont le pire destin ;
Et Rose, elle a vécu ce que vivent les roses,
    L'espace d'un matin.

. . . .

Et ces vers, renouvelés de J. de Meung et de Villon :

En vain, pour satisfaire à nos lâches envies,
Nous passons près des rois tout le temps de nos vies
A souffrir des mépris, à ployer les genoux :
Ce qu'ils peuvent n'est rien ; ils sont comme nous sommes,
    Véritablement hommes,
    Et meurent comme nous.

Ont-ils rendu l'esprit ? — Ce n'est plus que poussière
Que cette majesté si pompeuse et si fière
Dont l'éclat orgueilleux étonnoit l'univers ;
Et dans ces grands tombeaux, où leurs âmes hautaines
    Font encore les vaines
    Ils sont mangés des vers.

Là se perdent ces noms de maîtres de la terre,
D'arbitres de la paix, de foudres de la guerre ;
Comme ils n'ont plus de sceptres, ils n'ont plus de flatteurs
Et tombent avec eux d'une chute commune
    Tous ceux que leur fortune
    Faisoit leurs serviteurs (1)

Regnier s'inspira du personnage de *Faulx-Semblant* pour créer sa *Macette*, la plus belle et la plus brillante de ses satires qui a servi de type au *Tartufe* de Molière.

Le Marini prit dans le *Roman de la Rose*, l'idée de son poème de l'*Adone*, qu'il dédia à Louis XIII.

Lafontaine se delectait à lire notre vieux roman ; et Piron en tira son opéra de la *Rose*.

Enfin, Voltaire, qui connaissait nos fabliaux où il trouva l'idée de *Zadig*, dut méditer souvent J. de Meung qui lui ressemblait sous tant de rapports.

(1) En reproduisant ces vers, la fameuse scène des fossoyeurs d'*Hamlet*, nous revient en mémoire. — Nous ne voulons pas dire que Shakespeare a pris l'idée de cette scène si saisissante dans le *Roman de la Rose*. Il est à propos cependant de faire remarquer que le grand poète anglais, aimait à lire les anciens drames, les fabliaux et les vieux romans, où il trouva maints traits pour peindre plusieurs de ses principaux personnages.

Le poète Green lui reprochait de piller ses confrères. Il paraît, en effet, dit l'auteur des *Matinées littéraires*, qu'il est peu de poètes antérieurs à Shakespeare, qui n'eussent quelques plumes à réclamer de lui. De ce nombre, sans nul doute, fut Chaucer, l'une des vieilles gloires littéraires de l'Angleterre, l'auteur de *The Romant of the Ross*, où l'œuvre de G. de Lory se trouve reproduite presqu'en entier.

Nous n'avons pas la prétention, après les Ampère, les Villemain, de nous livrer à une appréciation littéraire sur le *Roman de la Rose*. Dans le présent travail, nous n'avons voulu étudier l'œuvre de Guillaume de Lorris qu'au point de vue historique et biographique ; ce qui n'avait pas été fait par ceux qui se sont occupés du *Roman de la Rose*.

Au lecteur à juger si nous avons atteint ce but.

APPENDICES

———··∞··———

1

GÉNÉALOGIE DES SIRES DE LOURY (1).

« Loury est un chasteau sis en la forêt d'Orléans, distant de quatre lieues de ladicte ville, mouvant en plain fief de l'évesché d'Orléans à cause de la Fauconnerie et quant à la haulte justice elle relève du roy à cause de son chastelet d'Orléans.

« Ceste terre a tousjours esté possédée par des familles considérables desquelles nous avons fait icy une table cronologique et généalogique.

« Le premier qui nous apparoist est :

« Hengerbaud, père de Gilles, qui suit : (tit. p. la fondation du prieuré de Semoy.)

1

« Gilles de Lory, ainsy pour lors appelé du nom de son village que l'on appelle aujourd'huy Loury-aux-Bois, qui vivoit en 1100 et environ (2) ; père de quatre fils :

---

(1) *Hist. ms de l'Orléanais*, par Hubert, t. Iᵉʳ. — Bibliothèque publique d'Orléans, M. 436.

(2) Gilles de Lory prit part à la première croisade. (Roger, *Noblesse de France aux Croisades*, d'après ms de la Bibl. Nationale.) Nous pensons que les sires de Loury sont issus de ceux de Pluviers ou Pithiviers. Ils avaient pour armes : *d'or, à la fasce d'azur accompagnée de trois aiglettes de gueules, 2 et 1* : et non trois aiglettes *d'azur* comme l'écrit par erreur Hubert.

Gilles de Lory, seigneur dudit lieu, cy-après ;
Jean   «   chevalier vivant en 1120 ;
Adam   «   escuyer vivant pareillement en 1120 ;
Hugues   «   escuyer vivant en la mesme année ;

II

« Gilles de Lory II, chevalier sire dudit lieu, connu par
un don qu'il fit à l'église d'Orléans et à Manassés chevecier,
de quelques droits qu'il avoit sur l'église de Chilleurres en
l'an 1120.

« Il eut pour enfans de Agnès de Pluviers son épouse :

III

« Jean, seigneur de Lory, ci-après (1) ;

« Gilles de Lory fut chanoine de Sainte-Croix et il est
fait mention de luy au martyrologe de la Cour-Dieu.

« *Guillaume de Lory a eu postérité considérable qui a
porté le nom de Lory encore que ceux de ce nom n'en
fussent pas seigneurs, Voycy ce que nous en avons des-
couvert.*

IV

« Guillaume de Lory qui a continué la postérité de cette
branche.

(1) *Jean de Lory continua la descendance directe des seigneurs de
Loury,* dont nous n'avons pas à nous occuper ici. — Sa petite-fille,
Jeanne de Lory, dame dudit lieu, dont il est fait mention dans le livre
des fiefs de l'Évêché, épousa en premières noces, Guill. de Milly, chevalier, seigneur de Milly-en-Gâtinais, d'où Marguerite ci-après ; et en
deuxièmes noces, Jean de Corbeil, bouteiller de France. — Marguerite
dame de Milly, de Lory, épousa Raoul le Bouteiller de Senlis, seigneur
d'Hermenonville, et de Lory par suite de son mariage.

La seigneurie de Loury fut en la possession des Bouteiller jusqu'en
1401. A cette date, Anseau le Bouteiller, chevalier, vendit la terre et
châtellenie de Loury à Lorens Lamy. (Hubert, lieu cité.)

« Gillon de Lorry, chanoine de Saint-Aignan, mentionné au cartulaire de Saint-Euverte en l'an 1219 (1).

« Renaud de Lorry, clerc dit nepveu de Jean de Lory en un acte de la mesme année.

V

« Guillaume de Lorry, dont on ne sçait pas l'alliance, fut père de :

« Adam de Lorry cy-après ;

« Guillaume de Lorry, chanoine de Saint-Aignan en *1221*, et longtemps depuis possédoit des biens dans la Solongne dont il estoit prevost en ladicte église.

VI

« *Adam de Lorry* fut le chef de ceste branche et *père* de :

« *Guillaume de Lorry* cy-après ;

« *Eudes de Lorry*, seigneur de Courpalay, estoit d'église ; et fut conseiller au Parlement en 1260, puis évesque de Bayeux. Il mourut en l'an 1274. Son anniversaire est marqué au 27 may au martyrologe de l'église d'Orléans, de laquelle il estoit chevecier en l'an 1258, selon quelques actes tirés du registre *Olim* (2).

(1) Hubert fait mention d'un Gillon de Lorris, archidiacre de Pithiviers, en 1245. (*Hs. ms.* I, 404.)

(2) Aux notes 1 et 2, p. 18 et 56 qui concernent Eudes de Lorris joignons-y celle ci-après que nous devons à l'obligeance de M. Cuissard-Gaucheron. — « 27 mai, Obiit Rever. Pater Odon de Lorriaco quandam epûs Baiocensis. In cujus anniversario distribuuntur 5 modii et 2 sextarii bladi et avenae per medium canonice de Mesogiraudo, quia dedit nobis 2 libras turonenses quæ positæ fuerant inemptione dicti bladi ingranchia de Mesogiraudo. (Ms. 113 du XVe siècle. Fondations et coutumes de la cathédrale Sainte-Croix.)

VII

« Guillaume de Lorry (1), continuateur de cette branche eut pour enfans :

« Jean de Lorry, chevalier cy-après ;

« Etienne de Lorry, conseiller d'église au Parlement de Paris en 1312, et prevost de Solongne en l'église de Saint-Aignan (2).

(1) Nous rapprocherons de cette brève mention ce que dit Hubert au deuxième volume de cette même histoire :

« Guillaume de Lorrys de la condition duquel M. le prés. Fauchet a esté fort en doute, *estoit du païs orléannois, homme de considération, issu de race noble et d'ancienne chevalerie*. Les Annales d'Aquitaine soubs le règne de Louis le Hutin le nomment Gilles nom confondu avec celuy de Guillaume, veu que en ceste famille de Lorrys, il y en a eu plusieurs du nom de Gilles et de Guillaume tant entre les ancestres qu'entre les descendans de nostre Guillaume de Lorrys. — *Il estoit fils d'Adam de Lorris puisné de la maison des seigneurs de Lorrys, nepveu de Guillaume de Lorris, chanoine de Saint-Aignan ès-années 1221 et 1235, frère d'Eudes de Lorris* qui estoit chevecier en l'église d'Orléans ès-années 1250 et peut estre auparavant en 1258 et conseiller au Parlement. *Il fut père de Jean de Lorrys*, chevalier, et *d'Estienne de Lorrys* prevost de Solongne et chanoine en l'église de Saint-Aignan en 1310.

« Après ses premières estudes, il s'addonna à la jurisprudence et y mesla le génie qu'il avoit pour la poësie en sorte que l'an 20ᵉ de son âge, il commença le *Romant de la Rose* qui fut un ouvrage de longue méditation et auquel un homme de cet âge ne pouvoit mestre fin que après un long travail et des connoissances lesquelles ne viennent que par une longue habitude et par l'expérience des choses qui se passent dans la vie. — Il mourut environ l'an 1260, âgé de 35 à 40 ans laissant le *Romant de la Rose* imparfait après un travail autant que je le puis conjecturer de 15 ou 20 ans. » (*Hist. de l'Orléanois*, 2ᵉ vol., liv. X. ch. II : « *Des quelques illustres Orléannois ou des environs.* » Ms, 436 de la Bibl. publiq. d'Orléans.)

Nous avons fait ressortir l'importance du texte souligné dans les pages qui précédent.

(2) On lit dans Lottin, année 1287 : « Philippe le Bel nomme

VIII

« Jean de Lorry, chevalier, capitaine gouverneur de la Tour-Neuve à Orléans en 1302 (1). Les apparences sont que ceux qui suivent sont sortis de luy mais cela est sans preuve :

« Robert de Lorry dit de Lorris cy-après;

« Jacques de Lorry, conseiller d'église au parlement de Paris en 1345.

IX

« Robert de Lorrys, chevalier, chambellan du roy Jean, seigneur d'Hermenonville et de Beaurein. Il est fait mention de Robert de Lorrys maistre des comptes en 1328 soubs le règne de Philippe de Valois. Je crois, selon toutes les apparences, que c'est le mesme. Froissart en fait mention en son histoire (vol. 4. c. 281). Il épousa Perrenelle des Essarts, fille de Pierre des Essarts, dont :

« Jean de Lorrys, chevalier, seigneur d'Hermenonville et de Beaurein, vicomte de Montreuil, espousa Marie de Chastillon. Voyez sur son sujet l'histoire des maisons de Montmorency, en la page 513, et de Chastillon, en la page 599.

« Guairin de Lorrys, dit Lancelot, espousa.... de Mont-

Etienne de Lorris et Macé de Chilly, bourgeois d'Orléans, comme arbitres d'un procès mu entre le chapitre de Saint-Aignan et les habitants d'un lieu appelé Lallun près Janville. »

(1) Lottin, année 1302 : « Jean de Lorris, chevalier, gouverneur de la Tour-Neuve d'Orléans, donne à l'église de Saint-Aignan, quantité de biens situés à Fleury et à Saran, ainsi qu'une censive près de la porte Bourgogne. »

La Roque (p. 193) fait mention de Jean de Lorris, comme bailli de Châteaudun en 1316.

morency, fille de Mathieu de Montmorency, sire d'Auvray Mesnil. Froissart en fait mention. t. 4. c. 286.

« Gilles de Lorrys, conseiller au parlement puis évêque de Noyon et pair de France en 1357 (1);

« Moyreau de Lorrys, chevalier, bachelier et capitaine d'une compaignie d'ordonnance en l'an 1369. — Voyla ce que je puis connoistre de ceste branche. »

(1) On lit dans le P. Anselme (II, p. 412 et s.), après les notices qui concernent Gilles de Lorris, évêque de Noyon et Eudes de Lorris, évêque de Bayeux : — « Robert de Lorris, chevalier, seigneur d'Armenonville et de Beaurain, vicomte de Montreuil-sur-Mer, chevalier du grand et secret conseil du roi, mort en 1380. — « Jean de Lorris, seigneur de Beaurain et d'Armenonville, chambellan du roi, marié en 1353; — « Guérin de Lorris dit *Lancelot*, a qui son père donna 1,000 liv. ps. de rente à Lusarches et aux environs en le mariant en 1353 à Isabelle de Montmorency ; mort vers 1380. — « On trouve encore un Robert de Lorris licentié ès-loix prévôt de Mazangé en l'église de Chartres, dont il y a un titre du 27 octobre 1395 scellé aux mêmes armes de Lorris. » (V. en outre tome VI, p. 125 et 255, où le même auteur mentionne les sires de Lorry ou Lorris.)

II

LETTRES DE DONATION DU FIEF DE COURPALET A ÉUDES
ET A ÉTIENNE DE LORRIS

A tous ceulx qui ces présentes lettres verront, Michiel Foudrier, prevost d'Estampes, saichent tuit que l'an de grâce mil trois cens quatre vins et cinq, le dymanche neuf jours du moys d'avril, Jehannin Prevost, clerc tabellion juré de l'escripture d'iceluy lieu, auquel nous adjustons plénière foy en cestui cas et en greigneur, vit, tint, lut de mot à mot et di loyaument visita et regarda quatre paire de lettres escriptes en parchemin scellées en laz de soye et de cire vert, saines et entières de scel et d'escripture. Et desquelles la teneur s'enssuit :

« Ludovicus Dei gratia francorum rex. Notum facimus universis, tam præsentibus quam futuris quod nos dilecto et fideli clerico nostro magistro Odoni de Lorriaco regia liberalitate concessimus quod domum de Corpaleto cum omnibus que tenet ibidem in terra nostra teneat a nobis et heredibus nostris in feodum et homagium ligium tam ipse quam heredes sui quod homagium fecit nobis. Et in augmentum eiusdem feodi concessimus ei quod ipse et heredes sui possunt occupare et venari ad aves et parvas bestias in garenna nostra Lorriaci. Item concedimus eidem et heredibus suis terragium nostrum de Corpaleto quod valet tres modios silliginis vel circa et pasturam et pasnagium ad animalia sua in nemoribus nostris que dicuntur Chaumonta vellagium salvo jure aliorum usuagiorum. Concedimus etiam eidem et heredibus suis qui dictam domum tenebunt ut in illis partibus dicti nemoris que vocantur Cortanbon et moris de brena habeant usuagium suum ad ramason sicut illud dicunt hommes de Molineto..... concedimus eidem et heredibus suis videlicet ei qui pro tempore tenuerint dictam domum; præterea concedimus eidem magistro ad vitam suam hostias nostras quas habemus in territorio de corpaleto et quicquid ybidem habemus et quasdem hostisias quas habemus in parochia de monsteiolo cum omni jure nostro quod in eis habemus retencta nobis magna justicia in omnibus supradictis. Quod ut ratum et stabile permaneat, præsentes litteras sigilli nostri fecimus impressione muniri. Actum apud abbatiam beate marie regalis monasterio pontisas anno domini millesimo ducentesimo quinquagesimo sexti mense octobris.

Item enssuit la teneur de la seconde lettre :

« Ludovicus Dei gratia francorum rex. Notum facimus quod cum Reginaldus de Cameioles armiger habeat jure hereditario usagium in nemore nostro de Cortambon de vivo bosco post..., ad domum suam de Ru(?)paria sitam in parochia de Dompna Petra et ad alia sua necessaria dictus Reginaldus excambivit dictum usagium dilecto et fideli clerico nostro magistro Odoni de Lorriaco ad usagium quod idem magister habebat in eodem nemore ad Ramasons; idem etiam armiger promisit coram nobis se garantisaturum dicto magistro dictum usagium de vivo bosco in perpetuum contra omnes super omnia bona sua que coram nobis ad hoc specialiter obligavit. Idem etiam armiger nobis dedit et concessit feodum dicti usagii vivi bosci et promisit se illud nobis garantisaturum super omnia bona sua contra omnes pro predictis autem feodo et excambio dictus armiger (1) Odo dedit eidem

____

(1) Faute de copiste pour *magister*.

Reginaldo centum viginti libras paris, quas idem R. recognovit coram nobis se recipere in pecunia numerata. Nos vero eidem magistro Odoni clerico nostro volentes gratiam facere specialem dictum excambium concedimus et volumus quod idem magister Odo et heredes sui jure hereditario habeant et possideant predictum usagium vivi bosci in predicto nemore de Courtambon, ad manerium suum de Corpaleto et ad alia sua necessaria sive daré et vendere Ita tamen quod nullus habebit dictum usagium vivi bosci nisi qui habebit domum de Courpaleto et de boc. nes recepimus dictum magistrum Odonem in hominem nostrum ligium salvo jure nostro et in omnibus etiam alieno. Quod ut ratum et stabille permaneat in futurum presentes litteras sigilli nostri fecimus impressione muniri. Actum Parisius anno domini millesimo ducentesimo quinquagesimo nono mense februario.

Item enssuit la teneur de la tierce lettre :

« Philippus Dei gratia francorum rex. Notum facimus uni-versis tam presentibus quam futuris quod cum clare memorie carissimus dominus et genitor noster Ludovicus rex franco-rum defuncto magistro Odoni de Lorriaco tunc clerico suo et heredibus ejus per cartam suam dudum inter alia concesse-rit pasturam et passnagium ad annimalia sua in nemoribus nostris que dicuntur Chaumonte... vel lagium salvo jure aliorum usagiorum prout in ipsa carta vidimus expresse contineri. Nos dilecti et fidelis clerici nostri magistro Ste-phani de Lorriaco nepotis quondam et heredis dicti Odonis dominique de Courpaleto que fuit ipsius... precibus annuen-tes hoc verbum pasnagium in dicta carta positum quantum ad numerum porcorum ad centum porcos .. modo annuatim in pessonam libere et quiete ab ipso sicut et eius successo-ribus qui dictam domum tenebunt..... amus extendi cetera que carta ipsa continet per declarationem seu factum huius modi non mutantes quod ut ratum et stabille permaneat in futurum presentibus litteris nostrum fecimus apponi sigillum. Actum apud Britolium anno domini millesimo octogesimo primo mense martio. »

Item enssuit la teneur de la quarte lettre :

« Philippus Dei gratiâ francorum rex. Notum facimus universis tam presentibus quam futuris quod nos dilecti et fideli clerico nostro magistro Stephano dicto Barnom archidiacono Baiocii in Augia rationem feodi de Courpaleto quod tenet a nobis concessimus ut nemora inferius nominata videlicet dumum de Courpaleto, dumum qui fuit Johannis de Bosco, dumum de Malesse et dumum Chociaci existantam supra stangnum medium de Courpaleto sicut in parochia de Mosteiolo secundum quod tam ipse quam heredes sui ex... in perpetuum quicumque voluerunt libere... grato et griagio et sine quocumque alio dangario vendere possint salvo tamen in aliis jure nostro et jure in omnibus quolibet alieno In cuius rei testimonium presentibus litteris nostrum fecimus apponi sigillum. Actum Ebroici anno Domini millesimo ducentesimo octogesimo quarto mense decembri. »

En tesmoing de ce, nous, Jehan Boithier, garde du scel de ladite prevosté d'Estampes, avons mis à ces lettres ledit scel a la relacion dudit juré. Donné l'an et jour premiers diz. — Signé : Prevost. — Au revers, au bas de ce vidimus en parchemin qui mesure 0 m. 41 de hauteur sur 0 m. 30 de largeur et comporte 47 lignes, on lit : Collacion est faite aux originaux. (Archives départ. du Loiret, liasse A. 282.)

IV

PIERRE VIDAL.

Pierre Vidal, fils d'un pelletier de Toulouse, vivait sous
le règne de Philippe-Auguste. L'abbé Millot a consacré une
longue notice à ce célèbre troubadour, né, dit-il, avec le
talent qu'exige la poésie et joignant une belle voix à l'ima-
gination la plus vive.

Voici la composition de Vidal qui, croyons-nous, aurait
servie à Guillaume de Lory. « C'est une fiction poétique
dans le goût des Orientaux, sous le titre de *Nouvelle*, composée à la cour du roi de Castille. »

*« Au retour de l'aimable saison qui répand l'émail des
fleurs sur les prairies, qui fait reverdir les bocages et
chanter les oiseaux, je me levai un matin par un beau
tems, pour aller visiter Monseigneur tenant sa cour à
Muret. Afin d'y paroître avec plus de distinction, je pressai
mes chevaliers de faire prendre au plus tôt les armes à
leurs écuyers. Comme nous étions en marche, nous voyons
venir à nous un beau chevalier, grand et vigoureux,
à qui tout le monde fit fête. Son visage étoit hâlé du soleil;
mais il avoit l'air du monde le plus gai, les yeux doux et
tendres, le nez bien fait, les dents plus blanches que l'argent, la bouche fraîche et riante, les épaules larges, les
flancs quarrés, la taille longue et fine. Ses souliers étoient
garnis de saphirs et d'émeraudes; des fleurs de toutes
couleurs ornoient sa robe et ses chausses; et il en portoit*

une couronne sur sa tête. Son palefroi avoit la queue et une fesse noires, l'autre fesse blanche comme l'ivoire ; l'épaule droite brune, et la gauche grise ; la crinière et la tête rouges ; une oreille jaune, et le reste gris-pommelé. Ce palefroi n'étoit ni petit ni grand. L'arçon de la selle étoit de jaspe, la housse et les cuirs de serpentine, les étriers de calcédoine. On ne sauroit calculer ce que valoient la bride et le poitrail. Il y avoit deux pierres seules d'un plus grand prix que tous les trésors de Darius.

« A côté du chevalier marchoit *une dame mille fois plus belle encore. La neige n'est pas de la moitié aussi blanche que sa gorge, ses pieds et ses mains. Son visage étoit délicatement coloré, comme un bouton de rose au printemps. Une couronne de fleurs couvroit sur sa tête de longs cheveux blonds, qui avoient l'éclat de l'or. Ses yeux étoient tendres et vifs ; sa taille, mince et déliée sans maigreur ;* ses habits riches étoient assortis au plus beau corps qui fut jamais. Rien de plus précieux que le mors, la selle et le poitrail de son palefroi, qui avoit la moitié du corps rouge, la crinière et la queue grises, et sur la croupe, une bande plus blanche que le lis.

« Après eux venoit *un écuyer, suivi d'une demoiselle. L'écuyer portoit un bel arc d'ivoire, avec trois dards à sa ceinture ; dont l'un étoit du meilleur or, l'autre d'acier du Poitou bien luisant, le troisième de plomb rouillé.* Il avoit encore une baguette de bois pliante. Pour la demoiselle nous ne pûmes voir si elle étoit brune ou blanche ; car ses cheveux lui passoient la ceinture, couvroient toute la selle jusques par-dessus la housse, et lui descendoient par-devant jusqu'au bout des doigts.

« *Ce beau couple chantoit un chant nouveau, dont les bois retentissoient, et qui faisoient égosiller les oiseaux à le répéter.* Ils chantoient que les chevaliers qui n'aiment point, ou qui ont cessé d'aimer, devroient être montés sur des ânes, pour les distinguer de ceux qui aiment loyalement ; et que les dames qui vendent leur amour, devroient être condamnées à aller par les chemins un sac de blé sur le dos.

« Je fus le premier à les saluer, en disant : Dieu vous garde de mal, vous, votre dame et toute la compagnie. Le chevalier répondit : Et vous-même, Dieu vous bénisse, Pierre Vidal, et vous fasse trouver une dame qui vous aime loyalement ; car il y a longtemps que vous en cherchez une. — Je l'ai trouvée, et telle que je suis mille fois plus à elle qu'à moi-même. — Vous pouvez être à elle ; mais elle ne sera jamais à vous. — Je suis pourtant satisfait, car elle me fait bon visage. — Voilà mon ami, comme parlent tous les fous d'amoureux. — Mais si je l'aime constamment, la pitié pourra la toucher pour moi. — Non, mon ami, elle ne la connut jamais. — Cependant elle vouloit, il n'y a pas longtems, que je lui fusse uniquement attaché. — Ami, quand on a un mauvais seigneur, le meilleur parti est d'abandonner son fief. — Et quand on ne sauroit prendre cela sur soi ? — Demeurez-y donc comme un forçat, Pierre Vidal. — Mais d'où me connaissez-vous donc si bien, que vous m'avez tant de fois nommé ? — Restez avec moi ce soir, je vous en prie ; car jamais hôte ne me plût tant que vous faites. Pour l'amour de Dieu, restez avec nous.

« La *dame dit qu'elle seroit bien aise de se reposer auprès de* quelque *fontaine, prairie et bocage*, n'aimant point les châteaux. Vous trouverez, madame, lui répondis-je, un lieu agréable loin du château, dans *un verger fermé d'une palissade de roseaux, sous un beau laurier, près d'une claire fontaine, qui roule ses eaux sur le gravier.* Je leur montrai le chemin, et allai me placer sur l'herbe fraîche. *La prairie étoit émaillée de fleurs nouvelles. Le bocage étoit rempli d'oiseaux qui chantoient leurs amours.* La demoiselle étendit sur l'herbe *un tapis brodé en or fin, représentant des oiseaux, des animaux, des fleurs* et une grande salamandre dans le milieu, du plus beau travail qu'on puisse voir. Mille chevaliers auroient pu trouver place sur ce tapis, sans se toucher ; et cependant lorsqu'il étoit plié, la demoiselle le portoit dans une bourse assez petite. On apporta grand nombre de coussins et de matelats pour faire asseoir la compagnie.

« Nous mangeâmes ; et ensuite le chevalier me dit : *Pierre Vidal, sachez que je suis l'Amour. Cette dame se nomme Merci ; cette demoiselle, Pudeur ; cet écuyer, Loyauté. Il porte l'arc d'ivoire, et croyez qu'il ne manque jamais son coup. Seigneur*, lui dis-je, j'aurois bien une question à vous faire, si j'osois. — Faites-là ; je suis prêt à vous répondre sur tout. — Dites-moi, de grâce, si Merci m'assistera auprès de la dame que j'aime ; car j'ai cueilli les verges dont elle me fouette. Enseignez-moi, s'il vous plaît, d'où naît et de quoi vit l'amour, qui est plus chaud que braize ; comment il s'allume et s'enflamme ; comment il s'insinue par de doux semblans ; comment il fait veiller en dormant ; comment il peut brûler dans l'eau, noyer dans le feu, lier sans aucune chaîne ; blesser sans faire aucune plaie. Dites-moi s'il naît sans avoir de père, et peut s'engendrer sans mère ; comment on le nourrit d'abord, lui qui est traître comme l'ennemi le plus cruel ; comment il arrive que plus il grandit, plus il a le secret de se rendre aussi mince qu'un fil d'araignée ; et comment lorsqu'il est prêt de se rompre, il devient plus fort qu'il n'étoit auparavant. Je voudrois savoir la manière dont tout cela se fait ; et comment Loyauté, votre écuyer, lance son dard de façon à faire trouver dans ses coups tant de douceur, que le blessé n'en veut point guérir. Je voudrois bien encore apprendre pourquoi vous emmenez de cette contrée Merci, Loyauté et Pudeur. C'est emporter le grain, et ne nous laisser que la paille. Je veux encore savoir, ne vous déplaise, pour quel crime une dame doit renvoyer son chevalier, pour quel crime un chevalier doit quitter sa dame. Car j'ai ouï dire que le roi de Navarre (Sanche VI) avoit rompu avec la sienne. Il avoit fait pour elle maints tournois, attaques, assauts et combats, forcé tours et châteaux, fait de grandes libéralités, donné des festins somptueux ; tant elle lui inspiroit de joie, de gentillesse et d'amour. Il étoit sans cesse à rire et à chanter. Mais à présent il ne chante plus que des airs plaintifs ou des vers satiriques. Je prie Dieu de rendre à ce monarque son ancienne courtoisie et gaieté ; et que sa dame, lui pardonnant, ne lui soit jamais infidelle.

« Revenons à la question que je vous ai faite. Dites, pourquoi emmenez-vous Merci, Pudeur et Loyauté de la cour du roi Alphonse (IX) de Castille, que j'aime passionnément, et qui est le plus brave, le plus vertueux, le plus généreux et le plus magnifique des princes ?

« Pierre Vidal, répondit l'Amour, je regarderois comme un fou tout autre qui me feroit semblable question. Mais puisque Merci l'ordonne, je ne vous cacherai rien. Il n'est pas impossible qu'après vous avoir fait languir long-tems, Merci touche en votre faveur le cœur de votre dame, si vous ne vous rebutez point. Je vais à présent vous dire d'où naît et de quoi vit l'amour. Il naît dans le cœur, où il est nourri par la volonté, après avoir été engendré par la pensée. Il y vit de joie et d'allégresse ; s'allume et s'embrâse par les traverses et les persécutions des perfides rivaux ; croît et se perfectionne quand leur fausseté est démasquée. *Il naît de la tendresse du regard* ; et lorsque le plaisir et le contentement s'y trouvent joints, il est dans son plus grand accroissement.

« Quant à *Loyauté*, notre écuyer, *il frappe d'un de ses dards l'amant rêveur et pensif. Le trait entre avec les soupirs à travers les yeux et les oreilles ;* et (chose étonnante !) ses coups, loin de diviser les cœurs, les unissent, et de deux n'en font qu'un. Mais il n'est homme ni femme que ses traits puissent atteindre, s'ils n'ont le cœur franc et loyal. C'est pourquoi tous ceux qui, en lâches courtiers, font métier de prendre et de livrer les dames à prix d'argent, ne sont point des sujets que l'Amour avoue. Ce sont de faux galants, que j'abandonne, dont je n'ai que faire ; et s'y fie qui voudra.

« Il faut maintenant vous expliquer pour quelle offense le chevalier est en droit de quitter sa dame, sans jamais lui pardonner, quel que puisse être son repentir. C'est lorsqu'après lui avoir accordé les dernières faveurs, elle a pour un autre la même complaisance. Ce crime ne peut se laver. Car, comme il n'y a rien de plus beau que la vertu dans une dame, aussi n'y a-t-il rien de plus affreux que son déréglement. Les dames sont le modèle de toute courtoisie : on doit les respecter infiniment, lorsque leur conduite est irréprochable..... »

« Le reste de la pièce manque, dit l'abbé Millot. Malgré les imperfections de l'allégorie, cette perte mérite nos regrets. Sa composition est ingénieuse et agréable (1). »

Cette *nouvelle* renferme le germe du *Roman de la Rose* : L'allégorie, la description du printemps avec les chants d'oiseaux, le départ au matin du poète, sa rencontre avec l'*Amour* qui marche accompagné d'une belle dame nommée *Merci* « fraîche et colorée comme un bouton de rose au printemps » et ayant de longs cheveux blonds que couvre une couronne de fleurs. — L'écuyer *Loyauté*, avec le bel *arc d'ivoire* et *trois dards* à sa ceinture ; la demoiselle nommée *Pudeur*. — Ce beau couple « chantant un chant nouveau » dont les bois retentissent et que répètent les oiseaux. — Le repas dans un verger fermé de palissades de roseaux, sous un beau laurier, près d'une claire fontaine qui roule ses eaux sur le gravier. — Enfin, *Loyauté* décochant à l'amant rêveur et pensif un de ses dards qui entre avec les soupirs à travers les yeux et les oreilles, etc.

(1) *Histoire littéraire des Troubadours*, II, p. 297-309.)

Tóut démontre que l'œuvre de Pierre Vidal « fiction poétique dans le goût des Orientaux » est venue à la connaissance de G. de Lory et qu'il s'en est inspiré pour composer son roman.

A cette époque, plusieurs productions littéraires et poétiques de l'Orient, étaient connues en Europe et *surtout en Provence*, où elles avaient été importées soit à la suite des Arabes, conquérants de l'Espagne, soit par les croisades.

Le Dolopathos, le Castoiement et maints apologues, fables et contes faisaient déjà le sujet des fabliaux et des chansons et romans de nos poètes du Nord et du Midi.

De ce nombre fut également un autre ouvrage célèbre intitulé le *Gulistan*, ou *Jardin des Roses*, par Saadi, poète persan et contemporain de Pierre Vidal.

V

LA ROSE.

Quel plus beau nom Guillaume de Lory pouvait-il donner à sa *dame* ?

> Tout est charmant dans cette aimable fleur ;
> Tout, son parfum, sa forme, sa couleur,
> Même son nom . . . .

La *Rose*, a de tout temps été regardée comme la reine des fleurs. Chez les anciens, elle brillait dans les pompes sacrées et dans les fêtes publiques et particulières. Les Grecs puis les Romains entouraient de guirlandes de roses les statues de Vénus, d'Hébé et de Flore.

Rhodes, ou croît une grande quantité de rosiers, prit son nom de cette fleur et l'adopta pour emblème.

Le Christianisme n'a conservé l'usage de cette fleur que pour la Fête-Dieu.

La *Rose*, aux voluptueux parfums, exprimait aussi la virginité. Saint Médard eut la pensée de la faire servir pour couronner la vertu, en fondant à Salency, près Noyon, sa patrie, un prix annuel destiné à la jeune fille reconnue la plus vertueuse et qui recevait en même temps une couronne de roses.

Legrand d'Aussy, dans sa *Vie privée des Français*, rapporte qu'il n'y avait point de cérémonies, point de noces, point de festin, où l'on ne portât un *chapel* ou chapeau de roses ; ainsi s'appelèrent les couronnes. On en mettait aux bouteilles et aux verres. Les convives en prenaient à la fin du repas, et c'était le symbole de la débauche.

— Les religieuses, quand elles faisaient profession, les filles quand elles se mariaient, en portaient une. Plusieurs des anciens coutumiers de nos provinces règlent même que lorsqu'un père mariera sa fille il pourra ne lui donner que le chapeau de roses, c'est-à-dire la restreindre pour toute dote à la seule couronne de mariage.

Rien n'a manqué à cette fleur qui a acquis une importance historique par la *baillée des roses*, la *rose papale* et la guerre des *deux roses*. Et après avoir été le sujet des chants de Saadi et d'autres poètes de l'Orient, elle devint celui des chansons des trouvères et des troubadours. Toute une pléïade de nos poètes du dernier siècle : Parny, Gentil Bernard, Bertin, Léonard, Ducis, Millevoye, etc., ont chanté la « reine de l'empire de Flore. »

LA ROSE

(Millevoye)

I

La Rose doux présent des Cieux
Semble sourire à la nature,
De la terre, aimable parure,
La Rose est le souffle des Dieux.

II

Vénus la reçoit ou la donne ;
Les Muses en parent leurs fronts ;
Et, l'entrelaçant en festons,
Les Grâces en font leur couronne.

III

Heureux celui qui la moissonne !
Fidèle image du plaisir,

Quoique l'épine l'environne,
On aime encore à la cueillir.

IV

Charme de tout ce qui respire,
Vierges, elle orne votre sein ;
Poëte, elle ombrage ta lyre ;
Buveur, elle embaume ton vin.

V

Partout la Rose ; elle colore
Des nymphes les bras demi-nus ;
La Rose est aux doigts de l'Aurore ;
La Rose est au front de Vénus.

VI

Quand elle a perdu sa jeunesse
Et son empire d'un matin,
Par son odorante vieillesse
Elle prolonge son destin.

VII

On nous assure que Cybèle
Lorsque Vénus reçut le jour,
Embellit son nouveau séjour.
Et créa la Rose pour elle.

VIII

Les Dieux cultivent cette fleur ;
De son nectar Bacchus l'arrose,
Et ce nectar donne à la Rose
Et ses parfums et sa couleur.

(Communiqué par M. Maxime Beauvilliers, officier de l'Instruction publique, de Marcilly-le-Hayer.)

VI

LE ROMAN DE LA ROSE ET L'ALBIGÉISME.

M. E. Aroux, dans « *les Mystères de la chevalerie et de l'amour platonique au moyen âge.* »(Paris, 1854.) s'exprime ainsi :

« *Le Roman de la Rose* serait donc aussi à votre avis une composition albigeoise? demandera-t-on. — Oui et non. Que ces deux monosyllabes soient notre réponse à ceux qui, nous traitant dédaigneusement d'homme à système, nous reprochent de voir partout des Albigeois. Il y aurait bien à leur dire qu'il y en avait partout un très-grand nombre en effet, et beaucoup plus qu'on ne croit. Mais assurément, si la majorité était catholique au moyen âge, la croisade est là pour démontrer que la minorité faisait alors assez de progrès pour devenir un péril et menacer l'autorité de l'Église romaine. Expliquons notre réponse.

« La première partie du *Roman de la Rose,* la moins longue, porte en elle tous les caractères de l'hérésie, et Guillaume de Lorris, son auteur véritable ou supposé, qui laissa son poème inachevé, appartenait certainement à la secte albigeoise. Il en est tout autrement de la seconde partie et de son auteur, Jean de Meung. Le jugement à porter sur le continuateur et sur son œuvre peut se formuler très-brièvement. L'écrivain appartient à l'Eglise catholique, mais il a peu de foi; c'est un esprit sceptique, matérialiste et frondeur ; l'ouvrage, lourd et prolixe, est une satire grossière, brutale, plus particulièrement dirigée contre les femmes et contre le clergé qui, à cette époque, il faut en convenir, était loin d'être exemplaire. Mais on y chercherait vainement la symbolique de la poésie albigeoise et le mysticisme de la première partie. Les personnages allégoriques qui y figurent sont des êtres moraux sans aucun caractère religieux. Il n'y a donc pas à s'occuper de cette seconde partie, et il suffira de quelques indications sur le travail de Guillaume de Lorris pour en apprécier l'esprit et le caractère.

« Afin d'indiquer dès l'abord l'essence à la fois philosophique et mystique de son poëme, l'auteur le compare au songe de Scipion par Macrobe. C'est à vingt ans, et non comme Dante à quarante, qu'il est initié aux mystères de la Massénie, en devenant amant ou fidèle d'amour. L'époque de son initiation est la même que dans tous les récits des troubadours et de leurs coreligionnaires ; elle a lieu à l'équinoxe de printemps, au mois de mai, au *renouveau.*

« Un beau jour, il se dirige vers la rivière de science, qui s'écoule abondante et pure d'un lieu élevé, et, comme fait Dante à l'entrée du purgatoire, « de l'iave clère et reluisant mon vis (ma face, mes yeux) rafreschi et lavé. » Arrivé à un verger, l'*amant,* car c'est ainsi qu'il s'appelle, le trouve entouré d'un mur aussi élevé que celui du verger de Brunissens, haut mur en dehors duquel sont des inscriptions, des peintures et des sculptures, telles qu'en offrent les parois de la montagne du purgatoire, dans la *Comédie,* nommée divine par les Albigeois qu'elle canonisait.

« En dehors donc du *verger d'amour,* peuplé de plantes nouvelles ou de néophytes, il voit figurées, pour en être à jamais bannies : haine, félonie, vilenie, convoitise, avarice, envie, tristesse, vieillesse, avec *papelardie* et pauvreté. C'est-à-dire tous les vices reprochés au clergé romain par les sectaires qui, dans leur langage antithétique, leur opposant amour, féauté, noblesse, courtoisie, largesse, gai savoir, jouvence, avaient en horreur un faux étalage de dévotion, et la mendicité au sein de l'abondance.

« La haute muraille servant de clôture au verger s'étendait en carré, comme la pierre cubique et dans la forme rituelle des loges maçonniques. « Haut fut li mur et tous quarrés. » Charmé par le chant des oiseaux, troubadours et trouvères, bien entendu, il désire être admis dans l'enceinte bénie : « Lors m'en alai grant aléure açaignant la *compasséure* et la cloison du mur *quarré*. » Un étroit guichet s'offre enfin à ses yeux, et, lorsqu'il a frappé, comme on frappe à la porte des loges, le guichet lui est ouvert par une noble pucelle « qui moult estoit et gente et bele. »

« Cette belle personne, faisant fonction de sœur portière, est pourtant *Oyseuse*; mais gardez-vous de la confondre avec l'oisiveté. Reconnaissez en elle la figure de la vie contemplative, qui conduit à la science d'amour, la Rachel du Purgatoire. En effet, elle porte sur sa tête « un chapel de *roses* tout frais, » et, de même que la Rachel de Dante « qui jamais ne se sépare de son miroir, » où elle apprend à se connaître soi-même, et, *oiseuse* qu'elle est aussi, « reste assise tout le jour, » la belle dame « en sa main *tient un miroir*. » Ajoutez qu'elle n'a « soussi ne esmay de nule riens, fors seulement de soi atorner noblement. » Car Parfaits et Parfaites ne pouvaient avoir d'autre soin ni d'autre but que de travailler à acquérir plus de perfections.

« Après avoir ouvert à l'Amant, elle décline son nom ou plutôt celui qu'elle se donne, pour déguiser son véritable caractère : « *Je me fais appeler Oyseuse*, dit-elle, *à tous mes congnoissans;* » c'est-à-dire par tous les initiés aux mystères de l'amour platonique des Albigeois. Elle ajoute : « quant suit pignée et atornée, adonc est fête ma jornée. » Sa tâche n'étant autre que d'attirer par ses perfections de nouveaux fidèles au culte de l'amour. « Privée (intime) sui moult et acointe (proche parente) de Déduit, le mignot, le cointe. » Inutile de dire, sans doute, que Déduit est le bonheur mystique auquel conduit la méditation et la science ; le *gai saber*.

« Or, ce beau jardin est le domaine de Déduit « qui de la terre as sarradins, » c'est-à-dire de l'Orient, « fit ça ces arbres aporter. » Le renseignement est positif, et il n'est pas moins vrai, l'histoire attestant que l'albigéisme vint de la Grèce, par la Bulgarie, d'un côté, par la Provence de l'autre. Ces arbres de science, Déduit les « fist par ce verger planter, » les fit prospérer et se propager dans ce riant jardin provençal ; puis ses disciples élevèrent ce haut mur de fictions, tout chargé de représentations symboliques, pour en exclure à jamais les ennemies figurées au dehors, haine, félonie, avarice, papelardie, etc.

« C'est dans cet agréable séjour que Déduit et ses sui-vants viennent « maintes fois esbanoier » sous l'ombrage à écouter le doux chant des oiseaux, clercs chantants non moins habiles que Frobert le grillon ; or, les suivants de Déduit, on peut s'en douter, sont la plus belle compagnie qu'il y ait au monde, « et *cortoise* et bien *enseignée*. » Comment en eût-il été autrement, composée qu'elle était de dames Parfaites, de Parfaits chevaliers et troubadours, ayant tous reçu l'enseignement à la même école d'amour, tenant eux-mêmes « corts d'enseignement. »

« L'amant ne manque pas de demander à Oyseuse la faveur d'entrer et d'être introduit en si noble « assemblée » ou église. A peine a-t-il passé le seuil de ce sanctuaire du *gai savoir*, il se sent « liés et baus et joyeux. Sachiez, dit-il, que je cuidai estre por voir (vraiment) en paradis terrestre. » C'était une conséquence naturelle, la terre orthodoxe étant l'enfer pour les Albigeois. Aussi « Tant etoit li leu delitables qu'il sembloit estre espéritables. » Les oiseaux, chantres d'amour, y gazouillaient à l'envi, cherchant à se surpasser l'un l'autre ; « Ils chantoient un chant itel cum s'il fussent espéritel. »

« Telle est l'œuvre de Guillaume de Lorris, et personne, après ces courtes explications, ne nous demandera, sans doute, si elle est le produit de la pensée albigeoise. Ainsi donc, que Gerson, chancelier de l'Université de Paris, qui n'est pas plus que Thomas A'Kempis, l'auteur de l'*Imitation de Jésus-Christ*, resté non moins inconnu, par de bonnes raisons sans doute, que ceux des Romans de Geste, « ait attaqué ce livre comme dangereux, » il n'y a guère à s'en étonner. Ce qu'on en peut conclure, c'est que le sévère chancelier avait pénétré le sens allégorique de l'œuvre, et reconnu l'essence sectaire de ces chants *espéritels*. »

AUTEURS CITÉS ET CONSULTÉS

MOLINET (J.). — *Le Romant de la Rose moralisié cler et net translaté de rime en prose par vostre humble Molinet.* — Nouvellement imprimé à Paris. En la grant rue Saint-Jacques. A l'enseigne de la *Roze blanche couronnée.* Paris. 1521. Édition gothique. (Bibl. nat. Y 4378.)

MAROT (Clém.). — *Le Rommant de la Rose nouvellement reveu et corrigé oultre les précédentes impressions.* Paris 1538. Édition gothique. (Bibl. nat., Y 4381.)

FAUCHET. — *Recueil de l'origine de la langue et poésie françoise, ryme et romans plus les noms et sommaires des vies de 127 poètes françois vivans avant l'an 1300.* Paris 1581.

LA CROIX DU MAINE. — *La Bibliothèque Françoise.* Paris 1584.

DU VERDIER DE VAUPRYVAS. — *La Bibliothèque Françoise.* Lyon 1584.

THEVET (A.) — *Les vrais pourtraicts et vies des hommes illustres grecz latins et payens recueilliz de leurs tableaux, livres, médailles antiques et modernes.* Paris 1584.

D. MORIN. — *Histoire du pays de Gastinois,* etc. Paris 1630.

PASQUIER (E.). — *Recherches de la France.* Paris 1641.

BOUCHET (J.). — *Annales d'Aquitaine.* 1644.

DUCHESNE. — *Les Antiquitez des villes, forts et chasteaux de la France.*

LE MAIRE. — *Antiquités de la ville et du duché d'Orléans.*

HUBERT. — *Histoire de l'Orléanois.* Ms de la Bibl. publ. d'Orléans.

MORÉRY. — *Le grand Dictionnaire Historique.* 8e édit. et celle de 1712.

BRUZEN DE LA MARTINIÈRE. — *Le grand Dictionnaire Historique, Géographique et Critique.* Paris 1740.

L'Abbé Goujet. — *Bibliothèque Françoise* (tome IX). Paris 1745.

L'Abbé Millot. — *Histoire littéraire des Troubadours*. Paris 1774.

Lacurne de Sainte-Palaye. — *Mémoires sur l'Ancienne Chevalerie*. Paris 1781.

D. Gérou. — *Bibliothèque des Écrivains de la ville, duché et diocèse d'Orléans*. Ms 467 de la Bibl. publ. d'Orléans.

Chaudon et Delandine. — *Nouveau Dictionnaire Historique*. Lyon 1804.

Roman de la Rose. Paris, Didot, an VII.

Raynouard. — *Choix des Poésies originales des Troubadours*. Paris 1817.

Villemain. — *Cours de Littérature Française*. Paris 1830.

Magasin pittoresque. Année 1839.

Nisard. — *Histoire de la Littérature Française*. Paris 1844.

Philipon de la Madelaine. — *L'Orléanais. Histoire des ducs et du duché d'Orléans*. Paris 1845.

Les Hommes Illustres de l'Orléanais. Orléans 1852.

P. Huot. — *Étude sur le Roman de la Rose*. Orléans 1853.

Francisque Michel. — *Le Roman de la Rose*. Paris 1864.

Demogeot. — *Histoire de la Littérature Française*. 14e édit.

Mennechet. — *Matinées littéraires. Cours complet de Littérature Moderne*. 6e édit. Paris 1875.

Michaud. — *Biographie Universelle*.

Didot. — *Nouvelle Biographie Générale*. Paris 1863.

Bouillet. — *Dictionnaire d'Histoire*, etc.

Larousse. — *Dictionnaire Encyclopédique*.

Dezobry et Bachelet. — *Dictionnaire général de Biographie, d'Histoire*, etc. 2e édit.

Maurice Lachatre. — *Nouveau Dictionnaire Universel*.

L'Abbé Velly. — *Histoire de France*. Éd. de 1761.

Michelet. — *id.* *id.* 2e éd.

H. Martin. — *id.* *id.* 4e éd.

G. di Crollalanza. — *Enciclopedia Araldico-Cavalleresca*. Pisa, 1878.

J. Croissandeau. — *Le Roman de la Rose*. Orléans 1878-80.

LA CHESNAYE DES BOIS. — *Dictionnaire historique des mœurs, usages et coutumes des Français.* Paris 1757.

A. CHÉRUEL. — *Dictionnaire historique des institutions, mœurs et coutumes de la France.* Paris 1855.

J.-MARIE GUICHARD. — *L'hystoire et plaisante cronicque du Petit Jehan de Saintré et de la jeune dame des Belles Cousines sans autre nom nommer.* Paris 1843; et l'édition de 1724.

Etc., etc.

TABLE

—

78